Oldenbourg Interpretation
Band 43

Oldenbourg Interpretationen
Herausgegeben von
Klaus-Michael Bogdal und Clemens Kammler

begründet von
Rupert Hirschenauer (†) und Albrecht Weber

Band 43

Friedrich Schiller

Maria Stuart

Interpretation von
Reinhard Leipert

Oldenbourg

Die Versangaben bzw. die Seitenangaben in Klammern beziehen sich auf folgende Ausgabe: Friedrich Schiller: Maria Stuart. Trauerspiel in fünf Aufzügen. Stuttgart 1990 (= Reclams Universal-Bibliothek Nr. 64)

Zitate sind halbfett gekennzeichnet.

Die Deutsche Bibliothek – CIP-Einheitsaufnahme

Leipert, Reinhard:
Friedrich Schiller, Maria Stuart : Interpretation / von Reinhard Leipert. –
2., überarb. Aufl. – München : Oldenbourg, 2000
(Oldenbourg-Interpretationen ; Bd. 43)
ISBN 3-486-01443-9

Bei Zitaten, Literaturangaben und Materialien im Anhang ist die neue Rechtschreibung noch nicht berücksichtigt.

2., überarbeitete Auflage 2000
Druck 08 07 06 05 04
Die letzte Zahl bezeichnet das Jahr des Drucks.

Umschlagkonzept: Mendell & Oberer, München
Typografisches Gesamtkonzept: Gorbach GmbH, Buchendorf
Lektorat: Ruth Bornefeld
Herstellung: Lutz Siebert-Wendt
Satz: jürgen ullrich typosatz, Nördlingen
Druck und Bindung: Appl, Wemding

ISBN: 3-486-**01443**-9

Inhalt

Statt eines Vorworts:
Was heißt und zu welchem Ende studiert man klassische Literatur?
Klassik – Literaturwissenschaft – Schule *7*

1 **Kontexte** *10*
1.1 Die politische, soziale und kulturelle Situation *10*
1.2 Schillers Ästhetik *15*
1.3 Das klassische Literaturprogramm und die literarischen Strömungen *18*

2 **Geschichte und Poesie** *22*
2.1 Der historische Hintergrund *22*
2.2 Schillers literarische Quellen *25*
2.3 Entstehungsgeschichte von »Maria Stuart« *27*

3 **Text, Struktur, Funktion** *31*
3.1 Stoff und Gattung *31*
3.2 Intention *36*
3.3 Aufbau *38*
3.3.1 Titel und Gattung *38*
3.3.2 Zeit und Ort *39*
3.3.3 Handlung *43*
3.3.4 Figuren *59*
3.4 Sprache und Stil *80*
3.4.1 Vers, Reim, Lied *82*
3.4.2 Sprache und Poetik *84*
3.4.3 Elemente der ›Idealisierkunst‹ *85*

4 **Zur Rezeptionsgeschichte** *90*

Unterrichtshilfen
1 Didaktische Aspekte *95*
2 Unterrichtsreihen *96*
3 Unterrichtssequenz *97*
4 Klausurvorschläge *108*
5 Materialien *111*

Anhang

Anmerkungen *126*
Literaturverzeichnis *128*
Zeittafel zu Leben und Werk *132*

Statt eines Vorworts:

Was heißt und zu welchem Ende studiert man klassische Literatur? Klassik – Literaturwissenschaft – Schule

SCHILLERS *MARIA STUART* gilt im historischen wie im normativen Sinn als ›klassisches Werk‹. MADAME DE STAËL – um nur ein berühmtes zeitgenössisches Beispiel anzuführen – nennt es das **rührendste und planmäßigste unter allen deutschen Trauerspielen.**[1]

Aber bereits WIELAND scheint, ohne dass wir die Gründe im Einzelnen kennen, wenige Wochen nach der gefeierten Bühnenpremiere, sich über SCHILLERS Drama **weidlich lustig**[2] gemacht zu haben. Doch nicht nur *MARIA STUART*, sondern fast alle Werke der Weimarer Klassik zeigen sich – ein kurzer Blick auf die Rezeptionsgeschichte lehrt es – von der **Parteien Gunst und Hass verzerrt.**[3] FRIEDRICH SCHLEGEL leitet gewissermaßen den polemischen Reigen ein: **Schillers Blei halten seine Freunde für Tiefe; da er doch als φσ (Philosoph) seicht und als Dichter nur bis zum Kalkül gekommen ist.**[4] HEINE registriert, dass der Beginn einer **neuen Zeit** mit einer **Insurrektion gegen Goethe** gekoppelt sei.[5] BÜCHNER polemisiert gegen den Idealismus als **schmählichste Verachtung der menschlichen Natur** und denunziert die Figuren des klassischen Dramas als **Marionetten mit himmelblauen Nasen und affektiertem Pathos.**[6] Über NIETZSCHES bösartigen Witz vom **Moraltrompeter von Säckingen** führt die Rezeptionsreihe schließlich zu ADORNOS Vorwurf gegen den Schiller'schen Idealismus, der zum Komplizen einer kleinbürgerlichen Barbarei zu degenerieren drohe:

> **[Schillers] Tirade und Sentenz ist den Franzosen nachgeahmt, aber am Stammtisch eingeübt. In den unendlichen und unerbittlichen Forderungen, spielt der Kleinbürger sich auf, der mit der Macht sich identifiziert, die er nicht hat […] Zur Würde der Geistesriesen gehört es, hohl dröhnend zu lachen […] Im innersten Gehäuse des Humanismus, als dessen eigene Seele, tobt gefangen der Wüterich, der als Faschist die Welt zum Gefängnis macht.**[7]

Diesen Beispielen lassen sich angefangen von Goethes Stilisierung seines Weimarer Freundes über Menzels Konstruktion des Nationaldichters SCHILLER bis in die Moderne beliebig viele Gegenbeispiele an die Seite stellen. Stellvertretend sei aus THOMAS MANNS religiös mystifizierender Eloge aus dem Jahr 1955 zitiert:

Von seinem sanftgewaltigen Willen gehe durch das Fest seiner Grablegung und Auferstehung etwas in uns ein: von seinem Willen zum Schönen, Wahren und Guten, zur Gesittung, zur inneren Freiheit, zur Kunst, zur Liebe, zum Frieden, zu rettender Ehrfurcht des Menschen zu sich selbst.[8]

Rezeptionsformen der geschilderten Art konnten nicht ohne Auswirkungen auf die Behandlung klassischer Literatur in der Schule bleiben. Angesiedelt zwischen **subjektivistischer Identifikation** und **kritischem Lesen**[9] versucht die Deutschdidaktik seit 1945 das Unbehagen an der kanonischen Klassikerlektüre zu bewältigen. Bodo Lecke hat im Jahre 1981 den Rezeptionsstand von Schülern in Sachen klassische Literatur ohne Anspruch auf statistische Repräsentativität zu katalogisieren versucht. Die ermittelten Reaktionen lesen sich wie Argumentationshilfen für einen erfolgreichen Kulturpessimisten. Verkürzt und pointiert zusammengefasst: Klassische Literatur ist Teil eines als notwendig akzeptierten bildungsbürgerlichen Besitzstandsdenkens, ohne Bezug zur eigenen Lebenswelt.[10] Schon einige Jahre vorher hatte Hans Joachim Grünwaldt die kulturpolitische Tristesse der Deutschdidaktik in die provokatorische Frage gekleidet: **Sind Klassiker etwa nicht antiquiert?**[11]

Innerhalb der Rezeptionsgeschichte wechseln Phasen politischer Instrumentalisierung, ahistorischer Idealisierung und musealer Konservierung einander ab. Bereits Nietzsche entlarvt den hermeneutischen Kurzschluss dieser Rezeptionsvarianten:

[...] Was urteilt aber unsere Philisterbildung über diese Suchenden? Sie nimmt sie einfach als Findende und scheint zu vergessen, daß jene selbst sich nur als Suchende fühlten. Wir haben ja unsere ›Klassiker‹, das Fundament ist nicht nur da, nein, auch der Bau steht schon auf ihm begründet – wir selbst sind dieser Bau. Dabei greift der Philister an die eigene Stirn. Um aber unsere Klassiker so falsch beurteilen und so beschimpfend ehren zu können, muß man sie gar nicht mehr kennen: und dies ist die allgemeine Tatsache.[12]

Nur die Historisierung und Repolitisierung dieser ›Epoche‹ bietet die Chance, die deutsche Klassik nicht zum toten Bildungsgut verkommen zu lassen. Die deutsche Klassik lässt sich sinnvoll nur als – wie auch immer zu beurteilende – Reaktion auf die Krisenphänomene der Moderne bewerten. Mit der Kenntnisnahme ihrer historischen Qualität ist die Erkenntnis unserer historischen Qualität verbunden. Erst in diesem Rahmen gewinnt etwa das Basiskonzept der Weimarer Klassik, das Postulat der ›ästhetischen Autonomie‹, seinen historischen und damit auch den für uns aktuellen Sinn zurück.

Auch andere mit dieser Epoche verbundene Begriffe wie Humanität,

Bildung, das Wahre, Gute und Schöne usw. könnten so ihre gesellschaftliche und literaturpolitische Semantik wieder gewinnen. Für die Legitimität dieses Verfahrens diene uns abschließend der Kronzeuge SCHILLER, der den produktiven Umgang mit vergangener Kunst und Wissenschaft einfordert:

> **Wenn man die Kunst sowie die Philosophie als etwas, das immer wird und nie ist, also nur dynamisch, und nicht, wie sie es jetzt nennen, atomistisch betrachtet, so kann man gegen jedes Produkt gerecht sein, ohne dadurch eingeschränkt zu werden. Es ist aber im Charakter der Deutschen, daß ihnen alles gleich fest wird, und daß sie die unendliche Kunst, so wie sie es bei der Reformation mit der Theologie gemacht, gleich in ein Symbolum hinein bannen müssen. Deswegen gereichen ihnen selbst treffliche Werke zum Verderben, weil sie gleich für heilig und ewig erklärt werden, und der strebende Künstler immer darauf zurückgewiesen wird.**[13]

Wenige Wochen nach der Uraufführung der *MARIA STUART* exemplifiziert SCHILLER seine Vorstellung vom Umgang mit kanonisierten Vorbildern anhand der griechischen Tragödie:

> **Ich teile mit Ihnen die unbedingte Verehrung der Sophokleischen Tragödie, aber sie war eine Erscheinung ihrer Zeit, die nicht wiederkommen kann; und das lebendige Produkt einer individuellen, bestimmten Gegenwart einer ganz heterogenen Zeit zum Maßstab und Muster aufdringen, hieße die Kunst, die immer dynamisch und lebendig entstehen und wirken muß, eher töten als beleben.**[14]

SCHILLER, der sich als Vertreter seiner ›bestimmten Gegenwart‹ verstand, verdient es seinerseits, im Kontext seiner geschichtlichen und gesellschaftlichen Bedingungen gelesen zu werden. Darin kann seine Aktualität bestehen. So wäre, auf den schulischen Bereich bezogen, vielleicht identifikatorische und kritische Lektüre zu vermitteln. Nach NIETZSCHE gibt es nämlich nur eine Art, die Klassiker **zu ehren, nämlich dadurch, daß man fortfährt, in ihrem Geiste und mit ihrem Mute zu suchen, und dabei nicht müde wird.**[15]

1 Kontexte

1.1 Die politische, soziale und kulturelle Situation

Will man SCHILLER – wie im Vorwort angesprochen – zunächst historisch interpretieren, so ist es unumgänglich, seine ästhetische Theorie und poetische Praxis bis in die strukturellen und inhaltlichen Details der Werke hinein als Antwort auf die politischen, sozialen und kulturellen Herausforderungen seiner Zeit zu lesen. Der Versuch einer solchen Lesart kann sich explizit auf SCHILLER selbst berufen, der sich als ›moderner‹ Autor und ›Zeitbürger‹ verstand. Im zweiten seiner *ÄSTHETISCHEN BRIEFE* schreibt er:

> **Ich möchte nicht gern in einem anderen Jahrhundert leben, und für ein anderes gearbeitet haben. Man ist ebensogut Zeitbürger, als man Staatsbürger ist; und wenn es unschicklich, ja unerlaubt gefunden wird, sich von den Sitten und Gewohnheiten des Zirkels, in dem man lebt, auszuschließen, warum sollte es weniger Pflicht sein, in der Wahl seines Wirkens dem Bedürfnis und dem Geschmack des Jahrhunderts eine Stimme einzuräumen?[16]**

Wie sieht nun die Signatur des Jahrhunderts aus, für das SCHILLER glaubte ›arbeiten‹ zu sollen? Welche politischen, sozialen und kulturellen Faktoren prägten das ›klassische Bewusstsein‹?

Deutschland war im politisch-sozialen Bereich eine ›verspätete Nation‹. Die Vereinbarungen des Westfälischen Friedens (1648) hatten eine territoriale Trümmerlandschaft hinterlassen. Das ›Monstrum‹, wie es der Staatsrechtler Pufendorf nannte, war ein Sammelsurium von Einzelterritorien, die sich politisch vor allem durch die Größe des Staatsgebiets, rechtlich durch gestaffelte Souveränitätsgrade unterschieden. Unzählige Schriftsteller haben dieser Ansammlung vor allem von Duodezfürstentümern ihre satirischen bis elegischen Klagen gewidmet. Fürstliche Willkür und feudale Ausbeutung prägten besonders das Leben der sozialen Unterschichten. Im ›Schoße‹ dieser Feudalgesellschaft gewann zunehmend, vor allem in den Städten, ein Stand an Bedeutung, der die Sozialgeschichte der Neuzeit entscheidend beeinflussen sollte: das vom Merkantilismus primär geförderte Besitzbürgertum. Die damit verbundene Auflösung der traditionellen, mittelalterlich geprägten Ständegesellschaft kulminiert im Antagonismus von Adel und Bürgertum. Das zu relativer ökonomischer Selbstständigkeit gelangte Bürgertum klagte nun dezidiert seine souveränen Rechte ein. Das ideologische Instrument für Ansprüche dieser Art lag bereit. Als gesamteuropäische Bewegung proklamierte und forderte die Aufklärung die

Rechte des neuen, bürgerlichen Souveräns gebieterisch ein, die in der Französischen Revolution zu politischer Gewalt werden sollten.

Parallel zu dieser politischen Bewegung bildete sich eine neue Form literarischer Öffentlichkeit, die die bürgerliche Weltanschauung darzustellen und zu verbreiten half.

Die bisher vorherrschende höfische Literatur war zu einem repräsentativen Ritual erstarrt. Sujets, Formen, Motive und Sprache konnten dem sich vollziehenden gesellschaftlichen Wandel nicht angemessen Ausdruck verleihen. Ein Symptom dieser Entwicklung ist die Entlassung des letzten preußischen Hofdichters im Jahre 1713. Träger der neuen politischen und kulturellen Ideen waren zunächst die ›reichsunmittelbaren‹ Städte, die auch finanziell in der Lage waren das Ambiente bürgerlich-kulturellen Selbstverständnisses zu erstellen. Bürgerliche Geldgeber beerbten die fürstlichen Mäzene. Opernhäuser, Theater wurden gegründet, eine massive literarische Alphabetisierung setzte ein und trat in Konkurrenz zur bisherigen Lektüre der Bibel und der Erbauungsliteratur. Mit einem Wort: Es vollzog sich ein massiver ›Strukturwandel der Öffentlichkeit‹, der dem Bürgertum durch die Entwicklung eines Lesepublikums und des sich etablierenden literarischen Marktes die Chance der politisch-gesellschaftlichen Artikulation gewährte.

Die Entstehung eines ›literarischen Marktes‹ konnte natürlich nicht ohne Auswirkung auf die Rolle der Intellektuellen, speziell der Schriftsteller bleiben. Der ›freie‹, jetzt vom zahlenden Publikum existenziell abhängige Schriftsteller, der an einen ›Brotberuf‹ gebundene Autor, trat ins Leben.

Die neu erworbene geistige Unabhängigkeit bleibt einerseits durch die Erfordernisse des Marktes bedroht, andererseits durch die nicht gerade zimperlichen Zensurbestimmungen, die besonders nach der Französischen Revolution erheblich verschärft wurden. Nur solche Bücher sollten etwa nach Meinung der Wiener Bücherkommission gedruckt werden, die [...] **nicht Gefährliches vor die Religion, nichts zu offenen Verderb der Sitten, und nichts wider die Ruhe des Staats, und wider die, denen Regenten schuldige, Ehrerbiethung in sich enthalten.**

Unter diesen Prämissen war ein Maria-Stuart-Stoff natürlich von der Zensur bedroht. Der gesellschaftliche Funktionswandel der Literatur konnte nicht ohne Einfluss auf das Selbstverständnis und die Einschätzung der sozialen Rolle des Schriftstellers bleiben. Die neue bürgerlich geprägte Literatur begann sich, orientiert an den ›Tugenden‹ der Vernunft und des gesellschaftlichen Nutzens, ihrer neuen Aufgabe zu versichern. In die Tradition dieser ästhetischen Theorien wird sich auch SCHILLER, kritisch adaptierend und die Tradition schließlich sprengend, einordnen.

Die erwähnten politischen und kulturellen Antagonismen finden schon in den vorklassischen Dramen SCHILLERS beredten Ausdruck und sind dann, allerdings in sublimierterer Form, Kernthema seiner großen klassischen Dramen.

Betrachtet man nun den engeren Zeitraum der so genannten ›Weimarer Klassik‹, also die Zeit von GOETHES italienischer Reise bis zum Tode SCHILLERS (1786-1805), so wird diese Epoche von einem Ereignis geprägt, in dem alle politischen und ideologischen Tendenzen des Jahrhunderts ihren Ausdruck und zeitweise ihre ›Lösung‹ finden. Die Französische Revolution, das zentrale Ereignis der neuzeitlichen Geschichte, erweist sich als die entscheidende kulturelle Herausforderung der deutschen bürgerlichen Schriftsteller. Die Epochalität dieses revolutionären Vorgangs stand für die Zeitgenossen nie infrage. Enthusiasmus und Skepsis prägen fast alle Beurteilungen. So sieht FRIEDRICH MAXIMILIAN KLINGER die revolutionären Geschehnisse als die

> **wunderbaren, großen und schrecklichen Begebenheiten, die nun in einem so kurzen Zeitraum sich aufeinander drängten, und die alles zu enthalten schienen, was die Menschen in einer Reihe von Jahrtausenden Großes und Ungeheures mögen gethan haben.**[17]

HERDER artikuliert seine ambivalente Einschätzung in den *BRIEFEN ZUR BEFÖRDERUNG DER HUMANITÄT:*

> **Für mich will ich es nicht läugnen, daß unter den Merkwürdigkeiten unsres Zeitalters die französische Revolution mir beinah als die wichtigste erschienen ist, und meinen Geist oft mehr beschäftiget, selbst beunruhiget hat, als mir selbst lieb war.**[18]

GOETHE schließlich konnte – wie er Eckermann bezeugt – **kein Freund der Französischen Revolution sein.** Er **haßte** die Revolution.[19]

SCHILLER selbst, abwechselnd mit Caroline von Beulwitz und Charlotte von Lengefeld galant beschäftigt, vertieft in Themen der Universalhistorie, scheint das politische Donnergrollen kaum wahrzunehmen. Obwohl präzise über die Geschehnisse in Paris unterrichtet, setzt er sich nicht expressis verbis mit dem Problem auseinander. Sein Revolutionsbegriff meint zunächst eine ›Revolution in Glaubenssachen‹. Tritt hier der Aufklärer SCHILLER in scheinbare Konkurrenz zu dem politischen Zeitgenossen? Helmut Koopmann, der die »Reflexe der Französischen Revolution im literarischen Deutschland zwischen 1789 und 1840« – so der Untertitel seines Buches – untersucht[20], vermutet, dass sich Schiller in Form historischer Analogien mit den französischen Verhältnissen auseinander gesetzt hat.

In seinem Aufsatz *DIE GESETZGEBUNG DES LYKURGUS UND SOLON* zum Beispiel – SCHILLERS universalhistorische Vorlesungen im August 1789 behandelten die gleiche Thematik – parallelisiert SCHILLER inhaltlich und terminologisch bis ins Detail athenische und französische Verhältnisse.[21]

Nach den Septembermorden – 1600 Personen wurden getötet, unter ihnen 300 eidverweigernde Priester – beginnt nicht nur für Schiller der freiheitliche Nimbus der Revolution zu verblassen.

Explizit äußert er sich dazu in einem Brief an Körner vom 6. November 1792:

> **Es ist sehr interessant, gerade in der jetzigen Zeit ein gesundes Glaubensbekenntniß über Revolutionen abzulegen; und da es schlechterdings zum Vortheil der Revolutionsfeinde ausfallen muß, so können die Wahrheiten, die den Regierungen nothwendig darin gesagt werden müssen, keinen gehässigen Eindruck machen.**

Die ›notwendigen Wahrheiten‹, d. h. die notwendige Veränderung der Gesellschaft, drohte durch die revolutionäre Praxis desavouiert zu werden. Ende 1792 – Schiller wollte, wie wir wissen, ein Memoire für den französischen König verfassen – plädiert er in einem Brief an Körner für ein derartiges öffentliches Eintreten. Als schließlich Ludwig XVI. am 21. Januar 1793 hingerichtet wird, scheint Schillers Ablehnung der konkreten historischen Vorgänge unwiderruflich: **Ja, ich bin soweit entfernt, an den Anfang einer Regeneration im Politischen zu glauben, daß mir die Ereignisse der Zeit vielmehr alle Hoffnungen dazu auf Jahrhunderte benehmen.**[22] Die Antwort auf die diagnostizierte Hoffnungslosigkeit ist die Formulierung seiner nunmehr klassischen ästhetischen Theorie und die poetische Praxis seiner späteren Dramen.

War die Französische Revolution zunächst noch räumlich fern und eher Anlass zu intellektuell-moralischer Stellungnahme, so werden die deutschen Staaten durch die Koalitionskriege unmittelbar militärisch in die Folgeprozesse der Revolution mit hineingezogen. Als die Girondisten am 20. April 1792 die Kriegserklärung an Österreich durchsetzen, beginnt die Revolution außenpolitisch wirksam zu werden. Im ersten Koalitionskrieg (1792-1797) versuchen die Hauptvertreter des Ancien régime, Österreich und Preußen – in Frankreich war am 21. September 1792 das Königtum abgeschafft worden –, das Prinzip der ›Legalität‹ militärisch zu schützen und streben die Wiederherstellung der Autorität des Königs an. Die militärischen Ziele der Koalitionsarmeen werden nicht erreicht. Die Revolutionsarmee dagegen erobert nach der Kanonade von Valmy (20. September 1792) Speyer, Worms und Mainz. Der Friede von Campoformio (17. Oktober 1797) beendet für kurze Zeit die Kriegshandlungen. Im vorletzten Kriegsjahr beginnt der Stern des korsischen Generals Napoleon Bonaparte aufzusteigen. Der zweite Koalitionskrieg (1798-1802) gegen Frankreich endet mit der Etablierung Frankreichs als einflussreichster Kontinentalmacht. Wenig später – Napoleon ist zum Konsul auf Lebenszeit ernannt – werden die rechtlichen Grundlagen des alten deutschen Reichs durch den Reichsdeputationshauptschluss liquidiert (25. Februar 1803). Säkularisierung und Mediatisierung treffen die geistlichen Herrschaftsgebiete, zahlreiche Kleinstaaten werden aufgehoben. Napoleon bereitet die Landung in England vor.

Am 12. Februar 1804 stirbt KANT, am 2. Dezember lässt sich Napoleon zum Kaiser krönen, am 9. Mai 1805 stirbt SCHILLER und am 6. August 1806 legt Franz I. als Kaiser von Österreich die römisch-deutsche Kaiserwürde nieder. Das Ende des Heiligen Römischen Reiches Deutscher Nation ist gekommen.

Diese Skizze lässt deutlich die Ungleichzeitigkeit von kultureller und politisch-gesellschaftlicher Revolution erkennen. Die revolutionären Ideen und Programme der vorwiegend bürgerlichen, an der Aufklärung orientierten Intellektuellen sprachen in eine statische bis reaktionäre politische Landschaft hinein. Das in Kleinstaaten fragmentierte, weitgehend am aufgeklärten Absolutismus orientierte Deutschland reagierte ›gedankenvoll‹, aber ›tatenarm‹. Besondere Ausprägungen feudaler Willkür riefen nur kurzfristige Aufstände hervor. Auch die jakobinische, durch französische Besetzung initiierte Mainzer Republik war von kurzer Lebensdauer. Der aufklärerische Konsens, dass sich das ›Licht der Vernunft‹, dass sich die im Rationalismus implizierte geschichtliche Wahrheit von selbst ihren Weg bahnen werde, erwies sich nach Meinung der meisten deutschen Intellektuellen als trügerisch. SCHILLERS vorrevolutionäre Auffassung von der verändernden Kraft ästhetischer und intellektueller Vorstellungen, die er wenige Wochen vor Erstürmung der Bastille in seiner Antrittsrede als Geschichtsprofessor geäußert hatte, erwies sich aufgrund seiner Erfahrungen als obsolet:

> **Ein edles Verlangen muß in uns entglühen, zu dem reichen Vermächtnis von Wahrheit, Sittlichkeit und Freiheit, das wir von der Vorwelt überkamen und reich vermehrt an die Folgewelt wieder abgeben müssen, auch aus unseren Mitteln einen Beitrag zu legen, und an dieser unvergänglichen Kette, die durch alle Menschengeschlechter sich windet, unser fliehendes Dasein zu befestigen. Wie verschieden auch die Bestimmung sei, die in der bürgerlichen Gesellschaft Sie erwartet – etwas dazusteuern können Sie alle!**[23]

Einige Jahre später registriert SCHILLER illusionslos in seinem Xenion »Der Zeitpunkt« die geänderte Situation: **Eine große Epoche hat das Jahrhundert geboren, / Aber der große Moment findet ein kleines Geschlecht.**[24] Das Bewusstsein, auf dem eingeschlagenen Weg gescheitert zu sein, schlägt sich schließlich in der nun beginnenden, durch alle politischen Fraktionen geführten Diskussion nieder, die um das Verhältnis von Aufklärung und Revolution geführt wird.

1.2 Schillers Ästhetik

Der durch die Französische Revolution problematisch gewordene Aufklärungsoptimismus verlangte gebieterisch eine Revision und Neuorientierung der Rolle der Ästhetik.

Noch 1874 hatte SCHILLER in seinem Vortrag *DIE SCHAUBÜHNE ALS EINE MORALISCHE ANSTALT BETRACHTET* dem Theater geradezu religiöse Ersatzfunktionen zugemutet:

> **Die Gerichtsbarkeit der Bühne fängt an, wo das Gebiet der weltlichen Gesetze sich endigt. Wenn die Gerechtigkeit für Gold verblindet, und im Solde der Laster schwelgt, wenn die Frevel der Mächtigen ihrer Ohnmacht spotten, und Menschenfurcht den Arm der Obrigkeit bindet, übernimmt die Schaubühne Schwert und Waage, und reißt die Laster vor einen schrecklichen Richterstuhl.[25]**

Das hoffnungsvolle Pathos solcher Äußerungen weicht jetzt einer nüchternen, realitätsgerechteren Blickweise, die die repressiven gesellschaftlichen Verhältnisse nicht mit vernünftiger Moral für veränderbar hält. Diese neue Wirklichkeit entzog in SCHILLERS Augen auch der traditionellen, aufklärerischen Ästhetik die Grundlage. Fast zeitgleich mit Beginn der Französischen Revolution zieht sich der Dichter SCHILLER fast ganz aus dem poetischen Geschäft zurück und an seine Stelle tritt der Historiker und Theoretiker. Die Phase einer grundsätzlichen Neubesinnung hat begonnen. 1790 erscheinen das 1. und 2. Buch der *GESCHICHTE DES DREISSIGJÄHRIGEN KRIEGES*, Ende Februar, SCHILLER ist kurz davor schwer erkrankt, beginnt er sein Jahre dauerndes Kant-Studium. KANT, der Vollender und Überwinder der Aufklärung, wird von da an sein intellektueller Mentor in den meisten ästhetischen und philosophischen Fragen. Die Schriften *ÜBER ANMUT UND WÜRDE* und *VOM ERHABENEN* (1793), der Neubeginn seiner auch dramentechnisch wichtigen Überlegungen, leiten seine ›Umkehr‹ ein.

Seit dem 20. Juli 1794 mit GOETHE in engerem Kontakt, entwirft SCHILLER, über seinen Lehrmeister KANT und dessen rigorosen ästhetischen Formalismus hinausgehend, schließlich sein folgenreiches klassisches Grundsatzprogramm: *ÜBER DIE ÄSTHETISCHE ERZIEHUNG DES MENSCHEN IN EINER REIHE VON BRIEFEN* (1795). Fast zeitgleich entsteht nach fast siebenjähriger Pause eine größere Anzahl lyrischer Gedichte, und wenig später eröffnet SCHILLER nach Gesprächen mit GOETHE mit der Entscheidung für den Wallenstein-Stoff die Reihe seiner klassischen Dramen. Diese Skizze dürfte den unmittelbaren Bezug von ästhetischer Theorie und poetischer Praxis deutlich machen. Dieser Zusammenhang wird sich als konstitutiv auch für *Maria Stuart* erweisen. In den *Briefen* entwirft Schiller ein umfassendes ästhetisch-politisches Programm, das seine zeitkritische Antwort auf die Herausforderungen der Französischen Revolution enthält. Romantik und Jakobinismus formulieren die dazu konkurrierenden Antworten.

Schiller hatte die Ziele der Französischen Revolution immer akzeptiert, als indiskutabel und inhuman erschienen ihm die Mittel:

> **Der Versuch des französischen Volks, sich in seine heiligen Menschenrechte einzusetzen und eine politische Freiheit zu erringen, hat [...] nicht nur dieses unglückliche Volk, sondern mit ihm auch einen beträchtlichen Teil Europens, und ein ganzes Jahrhundert, in Barbarei und Knechtschaft zurückgeschleudert.[26]**

Entsprechend versucht Schillers Abhandlung zwei Probleme synchron zu lösen. Zum einen antwortet seine Theorie auf das politische Kernproblem seiner Epoche: Wie lässt sich die Staatsform des höfischen Absolutismus gewaltfrei in eine Gesellschaft freier, gleicher Bürger überführen? Zum andern: Welche Rolle kann die Kunst bei dieser Aufgabe spielen? Technisch gesprochen geht es um eine Integration von politischer und ästhetischer Theorie:

> **Aber sollte ich von der Freiheit, die mir von Ihnen verstattet wird, nicht vielleicht bessern Gebrauch machen können, als Ihre Aufmerksamkeit auf dem Schauplatz der schönen Kunst zu beschäftigen? Ist es nicht wenigstens außer der Zeit, sich nach einem Gesetzbuch für die ästhetische Welt umzusehen, da die Angelegenheiten der moralischen ein so viel näheres Interesse darbieten, und der philosophische Untersuchungsgeist durch die Zeitumstände so nachdrücklich aufgefordert wird, sich mit dem vollkommensten aller Kunstwerke, mit dem Bau einer wahren politischen Freiheit zu beschäftigen?[27]**

Kritischer Bezugspunkt aller Schiller'schen Vorstellungen von Kunst und Gesellschaft ist seine Auffassung von der Natur des Menschen, von seiner ›Humanität‹. Die Eigenschaften, die den Menschen als Gattungswesen konstituieren – Schiller bleibt hier durchaus im Rahmen aufklärerischer Vorstellungen – sind seine Vernunft und seine Sinnlichkeit. Letztere steht, modern gesprochen, für die Triebnatur des Menschen. In der Versöhnung beider, in der wieder erreichten Ganzheit beider, in ihrer harmonischen Totalität, besteht das Ziel der menschlichen Gattung. Ist diese Totalität erreicht – in der griechischen Antike sieht Schiller wie so viele vor ihm eine solche Epoche – dann genießt der Mensch ›Glückseligkeit‹; er nähert sich dem Dasein antiker Götter an, die Schillers Auffassung zufolge jenen Zustand dichterisch symbolisieren.

Die im 15. Brief beschriebene Juno Ludovisi dient Schiller als Beispiel klassischer, humaner Versöhnung. Die erwähnten anthropologischen Prämissen bestimmen die grundsätzliche Argumentationsstruktur der gesamten Abhandlung. Nach der kritischen Würdigung der eigenen Zeit wird die spezifische Leistung der Kunst und daraus folgend ihre gesellschaftliche Funktion für die ›Menschwerdung‹ der Zeitgenossen abgeleitet. Statt durch politischen Aufruhr, statt durch rohe, physische Gewalt, soll das durch Kunst ›veredelte‹ und gebildete Individuum nun einen Staat der Freiheit und Gleichheit errichten. Statt Systemveränderung ästhetische Erziehung des Einzelnen!

SCHILLER zeichnet ein soziologisch präzises, z. T. an ROUSSEAUS Kulturkritik orientiertes Panorama seiner Epoche. Sie ist zunächst gekennzeichnet durch ökonomischen Utilitarismus:

> Der Nutzen ist das große Idol der Zeit, dem alle Kräfte frönen und alle Talente huldigen sollen. Auf dieser großen Waage hat das geistige Verdienst der Kunst kein Gewicht, und aller Aufmunterung beraubt, verschwindet sie vom lärmenden Markt des Jahrhunderts.[28]

Dieser Missbrauch wird ergänzt durch die Entfremdung des Menschen von seiner humanen Totalität:

> [...] wir sehen nicht bloß einzelne Subjekte, sondern ganze Klassen von Menschen nur einen Teil ihrer Anlagen entfalten, während daß die übrigen, wie bei verkrüppelten Gewächsen, kaum mit matter Spur angedeutet sind [...] der Genuß wurde von der Arbeit, das Mittel vom Zweck, die Anstrengung von der Belohnung geschieden. Ewig nur an ein einzelnes Bruchstück des Ganzen gefesselt, bildet sich der Mensch selbst nur als Bruchstück aus, ewig nur das eintönige Geräusch des Rades, das er umtreibt, im Ohre, entwickelt nie die Harmonie seines Wesens, und anstatt die Menschheit in seiner Natur auszuprägen, wird er bloß zu einem Abdruck seines Geschäfts, seiner Wissenschaft.[29]

Diese Entfremdung, von fortschreitender Arbeitsteilung und Spezialisierung forciert, schlägt sich auch in den Sozialcharakteren der ständischen ›Klassen‹ nieder.

> In den niederen und zahlreichen Klassen stellen sich uns rohe gesetzlose Triebe dar, die sich nach aufgelöstem Band der bürgerlichen Ordnung entfesseln und mit unlenksamer Wut zu ihrer tierischen Befriedigung eilen [...] Auf der anderen Seite geben uns die zivilisierten Klassen den noch widrigeren Anblick der Schlaffheit und einer Depravation des Charakters [...][30]

Der Rationalismus – in Bezug auf SCHILLERS Anthropologie ein notwendiger, aber einseitiger Fortschritt – wird negativ beschrieben:

> Die Aufklärung des Verstandes, deren sich die verfeinerten Stände nicht ganz mit Unrecht rühmen, zeigt im ganzen so wenig einen veredelnden Einfluß auf die Gesinnungen, daß sie vielmehr die Verderbnis durch Maximen befestigt.[31]

Diese Gesellschaft kann sich nach SCHILLERS Meinung nicht selbst in human verstandene politische Freiheit setzen. Ihr bleibt nur die Alternative zwischen Barbarei und einem Staat, der wenigstens die triebhaften Bestandteile der menschlichen Natur domestiziert und so den Kampf aller gegen alle verhindert. SCHILLERS Terminus dafür lautet ›Naturstaat‹.

Die Diagnose ist gestellt. Welche Therapie ist angesichts des Scheiterns der politischen Revolution und der pädagogischen Evolution angebracht? Eine wahrhaft ›humane‹ Revolution kann sich – so SCHILLERS Lösung – nur durch das Medium der Kunst vollziehen.,

Zwei Grundkräfte bestimmen jedes menschliche Handeln und Verhalten: Der ›sinnliche Trieb‹ – mit vorwiegend poetologischer Tendenz auch ›Stofftrieb‹ oder ›Sachtrieb‹ genannt – begründet die menschliche Abhängigkeit von der äußeren und inneren Natur; und der ›Formtrieb‹, der den von allen sinnlichen Einschränkungen unabhängigen Freiheitsanspruch des Menschen, sein Vermögen zu autonomer Sittlichkeit bezeichnet. Zwischen beiden vermittelt der so genannte ›Spieltrieb‹, der die menschliche Totalität – das Ziel der menschlichen Gattung! – als Versöhnung zwischen Trieb und Vernunft herbeiführt. Deswegen kann SCHILLER jenes berühmte, viel zitierte Diktum des 15. Briefes formulieren: **Denn, um es endlich auf einmal herauszusagen, der Mensch spielt nur, wo er in voller Bedeutung des Worts Mensch ist, und *er ist nur da ganz Mensch, wo er spielt.***[32]

Das ›Spiel‹, die produktive und rezeptive ästhetische Tätigkeit, ist der Garant einer wahren Humanität, die wiederum den modernen Menschen zur Bildung eines freien Gemeinwesens befähigen soll. Dichtung und Kunst als ›Mägde‹ der Politik!

Besonders in den Briefen an seinen Gönner, den Herzog Friedrich Christian von Schleswig-Holstein-Augustenburg, sind die politischen Implikationen der Ästhetik klar formuliert. Die spätere Bearbeitung, die eigentlichen *ÄSTHETISCHEN BRIEFE*, zeigen die Tendenz zur Verabsolutierung der Ästhetik, zur Kunst um der Kunst willen. Damit ist jedoch keine Wende zu einer klassizistischen Kunstauffassung eingeleitet, wie das folgende Kapitel zeigen soll.

1.3 Das klassische Literaturprogramm und die literarischen Strömungen

SCHILLERS politische Fundierung der Kunst konnte nicht ohne entscheidende und neuartige Konsequenzen für seine poetische Praxis bleiben. Wir wollen hier nur die allgemeinsten Auswirkungen diskutieren, ohne der spezifischen inhaltlichen und formalen Faktur von *MARIA STUART* vorzugreifen. Die poetisch-dramaturgische Umsetzung seiner ästhetischen Theorie wird seit dem *WALLENSTEIN* intensiv – vor allem mit GOETHE –

diskutiert und bietet eine wichtige Interpretationshilfe. Natürlich ist ein poetisches Werk nicht diskursiv auflösbar, natürlich ist es nicht – wie noch die frühe Aufklärungspoetik scheinbar vermuten lässt – ein rhetorisch und bildlich aufgeputzter Lehrsatz, doch wäre andererseits die Vernachlässigung eines jahrelangen theoretischen Ringens um ästhetische Fragen eine nicht zu verzeihende historische Nachlässigkeit.

SCHILLERS theoretische Schriften helfen seine Stellung im poetischen Diskurs und damit seine eigenen Werke zu analysieren. Sie erschöpfen nicht die Interpretationsmöglichkeiten der Texte. Unsere Auffassung von dichterischer Kreativität und Spontaneität sollte uns aber nicht hermeneutisch blind werden lassen für die Schiller'sche Produktionsästhetik.

Die allgemeinste und wichtigste Konsequenz ist die Forderung der Kunst nach völliger inhaltlicher und formaler Autonomie. Nur so kann die Kunst unberührt und rein ihre Wirkung entfalten.

Das Autonomiepostulat ist die historische Antwort auf das Entstehen des literarischen Marktes und des freien, bürgerlichen Schriftstellers, der sich von den Pflichten einer vorwiegend höfisch orientierten Repräsentationskunst lösen wollte.

SCHILLER gibt diesem Postulat eine neue, radikal andere Begründung. Autonomie, völlige Eigengesetzlichkeit der Kunst ist für ihn die Vorbedingung jeder Kunst, die das schon vorgestellte Projekt der ästhetischen Humanisierung einer deformierten Welt leisten soll.

Die Abwendung von der Wirklichkeit, weit davon entfernt Flucht und Abwehr zu sein, enthüllt sich als das therapeutische Bestreben, die ›prosaische‹ Welt durch Erinnerung und Gestaltung eines utopischen Gegenbilds zu erlösen. Die wirkliche Welt ist nicht die ›wahre‹! Die ›wahre‹ Welt ist die Welt des ›schönen Scheins‹, in dem sich die verlorene und wieder zu gewinnende Humanität poetisch realisiert. Der Schiller'sche Wahrheitsbegriff enthüllt erst in dieser Fassung seine kritische, politische Dimension. Die SCHILLER immer wieder vorgeworfene Künstlichkeit, das ›hohle‹ Pathos, die Rhetorisierung seiner Stücke, der komplizierte Symbolgehalt vor allem seiner späten Dramen, der mangelnde Realismus usw. sind bewusst eingesetzte ›Mittel‹, die helfen sollen, den ästhetischen Auftrag zu erfüllen.

Im 26. der *ÄSTHETISCHEN BRIEFE* hat SCHILLER dazu Stellung genommen:

> **Die höchste Stupidität und der höchste Verstand haben darin eine gewisse Affinität miteinander, daß beide nur das R e e l l e suchen, und für den bloßen Schein gänzlich unempfindlich sind [...]; mit einem Wort, die Dummheit kann sich nicht über die Wirklichkeit erheben, und der Verstand nicht unter der Wahrheit stehenbleiben. Insofern also das Bedürfnis der Realität und die Anhänglichkeit an das Wirkliche bloße Folgen des**

Mangels sind, ist die Gleichgültigkeit gegen Realität und das Interesse am Schein eine wahre Erweiterung der Menschheit und ein entschiedener Schritt zur Kultur.[33]

In der Vorrede zur *Braut von Messina* aus dem Jahre 1803 formuliert Schiller, knapp zehn Jahre nach den *Ästhetischen Briefen*, noch einmal seine ästhetischen Vorstellungen. Zusammen mit Goethes »Regeln für Schauspieler« stellt die »Vorrede« eine Art klassisches Literatur- und Dramaturgieprogramm dar. Ziel ist es, **den gemeinen Begriff des Natürlichen zu bekämpfen, welcher alle Poesie und Kunst geradezu aufhebt und vernichtet.** Wenig später wird die Einführung des Chores gerechtfertigt: [...] **und wenn derselbe auch nur dazu diente, dem Naturalismus in der Kunst offen und ehrlich den Krieg zu erklären** [...].[34]

Über die Funktion des Chores wird noch im Rahmen von Schillers Tragödienkonzeption zu reden sein.

Die von Schiller vollzogene Annäherung an ein klassizistisches Programm darf nicht als restaurativ und im schlechten Sinne konservativ missverstanden werden. Sein sich am französischen Klassizismus orientierender dramatischer Stil soll das notwendige Korrektiv der schlechten zeitgenössischen dramatischen Praxis sein. In seinem Gedicht »An Goethe, als er den Mahomet von Voltaire auf die Bühne brachte« hat Schiller im Jahre 1800 den französischen Kunststil für zeitbedingt notwendig erklärt, ihn aber zugleich als zeitloses Muster abgelehnt:

Nicht Muster zwar darf uns der Franke werden,
Aus seiner Kunst spricht kein lebend'ger Geist,
Des falschen Anstands prunkende Gebärden
Verschmäht der Sinn, der nur das Wahre preist,
Ein Führer nur zum Bessern soll er werden,
Er komme wie ein abgeschiedner Geist,
Zu reinigen die oft entweihte Szene
Zum würd'gen Sitz der alten Melpomene.[35]

Im gleichen Gedicht wird das Bild der gegenwärtigen Kunstpraxis in düsteren Farben gemalt:

Es droht die Kunst vom Schauplatz zu verschwinden,
Ihr wildes Reich behauptet Phantasie,
Die B ü h n e will sie, wie die W e l t entzünden,
Das Niedrigste und Höchste menget sie [...][36]

Auch zu dieser Art von Kunst geht die klassische Dichtung auf Distanz. Das literarische Leben um 1800 konterkariert, wie die Literaturpolemik der *Xenien* schon einige Jahre vorher deutlich machte, fast alle Vorstellungen von Kunst und ihrer Wirkung, wenigstens nach Meinung der Klassiker. Eine ungeheuer gesteigerte Lesewut, in unzähligen Lesegesellschaften organisiert, machte sich breit: **Allein der größte Theil der Leser verschlingt die elendsten und geschmacklosesten Romane mit einem Heißhunger, wodurch man Kopf und Herz verdirbt.**[37]

Dieser Lesewut korrespondiert eine Lust am Theater, die die bürgerliche Lebenswirklichkeit zu negieren und zu suspendieren sucht: **Man spielte in Deutschland bürgerliche Schauspiele, Melodramen und Spektakelstücke, in denen an Pferden und Rittern kein Mangel war.**[38] Der bisweilen krasse ›Naturalismus‹ dieser Art von Dramatik konnte bei den Klassikern keine Gegenliebe finden. Albert Ludwig berichtet am Beispiel des Dresdener Hoftheaters über die Aufführungspraxis in den Jahren 1789-1813.

> **Von den 1471 Vorstellungen dieser Jahre entfällt der Löwenanteil ganz selbstverständlich auf Iffland mit 143 (etwa 10 %) und Kotzebue mit 334 (22,5 %); dagegen stehen die Klassiker weit zurück, aber während auf Goethe und Lessing in diesen zweieinhalb Jahrzehnten nur je sechs Vorstellungen fielen, brachte es Schiller auf 46 (*Fiesco, Kabale und Liebe, Don Carlos, Die Braut von Messina* wurden je viermal aufgeführt, *Wallenstein* fünfmal, *Maria Stuart* sechsmal, *Die Jungfrau von Orleans* zehnmal, *Wilhelm Tell* zweimal) [...]**[39]

Die Herren der Bühne waren Kotzebue und Iffland, deren finanzieller Erfolg – gekoppelt mit dem Bau neuer, bürgerlicher Theater – den dramatischen Populismus auf Touren brachte.

Das Theater war, wie Schiller schon in seiner Abhandlung *Über das gegenwärtige deutsche Theater* geäußert hatte: [...] **weniger Schule, als Zeitvertreib**, mehr dazu geeignet, eine **eingähnende Langeweile zu beleben, unfreundliche Winternächte zu betrügen, und das große Heer unserer süßen Müßiggänger mit dem Schaume der Weisheit, dem Papiergeld der Empfindung und galanten Zoten zu bereichern** [...][40]. In diese politische und literarische Landschaft hinein wurde *Maria Stuart* geschrieben.

2 Geschichte und Poesie

2.1 Der historische Hintergrund

Um SCHILLERS poetische Leistung angemessen interpretieren zu können, ist es unumgänglich, wenigstens in knapper Form den realgeschichtlichen Hintergrund seines Dramas ins Auge zu fassen. Auch die biografischen Daten, zumindest seiner beiden Protagonistinnen, verdienen Erwähnung. Der dadurch erst mögliche Vergleich zwischen historischer Gestalt und literarischer Figur ist eine Deutungshilfe ersten Ranges. SCHILLER selbst hat sich detailliert mit der infrage stehenden Epoche auseinander gesetzt. Allein die *GESCHICHTE DES ABFALLS DER VEREINIGTEN NIEDERLANDE VON DER SPANISCHEN REGIERUNG* (1788) erweist SCHILLER als subtilen Kenner der Historie des 16. Jahrhunderts. Mit einigermaßen großer Sicherheit hat SCHILLER über ein Dutzend historische Werke, z. T. mit wörtlichen Anklängen, benutzt.[41]

Die Regierungszeit Elisabeths I. (1558-1603) schließt die Epoche der Herrscher aus dem Hause Tudor ab. Das gesamte 16. Jahrhundert ist geprägt durch das politische und religiöse Auseinanderbrechen des spätmittelalterlichen Feudalismus. Außenpolitisch gesehen beginnt England allmählich seinen unaufhaltsamen Weg zur kolonialen Weltmacht. Die innenpolitischen Voraussetzungen dieser Entwicklung waren die parlamentarische Einfügung der divergierenden Bürger- und Adelsgruppen in den Rahmen einer starken Monarchie und die ideologische Einigung der englischen Nation unter protestantischem Banner. Bürgerliche und feudale Politik und Weltanschauung beginnen ihre pragmatische Ehe: insgesamt eine politische und weltanschauliche Umbruchzeit, die neue staatliche und private Legitimationen zu formulieren begann. Elisabeth selbst und ihre Rolle in der von ihr wesentlich mitgeprägten Entwicklung hat keine einheitliche Beurteilung gefunden. Sie zeichnet sich – während der Regierungszeit ihrer Halbschwester Maria wurde sie überwacht und zeitweilig im Gefängnis gehalten – durch eben diese pragmatische Grundhaltung und durch politischen Realismus aus. Ihre Religionspolitik verzichtete auf übertriebene und dogmatische Radikalität. Bürgerkrieg und religiöse Unruhen konnten so vermieden werden. Die Förderung der ökonomischen Expansion und des Nationalitätsgedankens beförderten den politischen Integrationsprozess. Um die für das Schiller'sche Drama relevanten Daten abzurunden: Im Jahre 1536 hatte Heinrich VIII. seine beiden Töchter Maria und Elisabeth zu illegitimen Kindern erklären lassen. Beide wurden durch Parlamentsbeschluss von der Thronfolge ausgeschlossen und zugleich wurde die Ehe mit Anna Boleyn, Elisabeths Mutter, für nichtig erklärt. Wenige Jahre später ließ das Parlament in Form eines ordentlichen Beschlusses beide wieder zur Thronfolge zu. Diesen Beschluss legitimierte Heinrich VIII. testamentarisch, ohne dass die illegitime Geburt Elisabeths dadurch formell aufgehoben wurde. Unabhängig davon ließ das Testament keinen ausländischen Tudor, also auch keinen der Seitenlinie der Stuarts, zur Thronfolge zu.

Maria Stuart, die Tochter Jakobs V., des damaligen schottischen Königs, und der Maria von Guise, kommt am 8. Dezember des Jahres 1542 auf dem Schloß Linlithgow zur Welt. Wenige Tage später stirbt der Vater. Maria wird im Alter von 6 Tagen Königin von Schottland. Schon ein halbes Jahr später droht sie in die Machtpläne Heinrichs VIII. hineingezogen zu werden: Sie soll nach dessen Willen in England erzogen werden und später seinen Sohn heiraten. Dieser Plan misslingt.

Der schottische Adel beschließt Maria Stuart dem französischen Dauphin ›anzubieten‹ und sie am Hof Heinrichs II. erziehen zu lassen. 1548 reist Maria an den französischen Hof und wird dort mit dem Dauphin verlobt. Die Situation Schottlands, Spielball zwischen dem protestantischen England und dem katholischen Frankreich zu sein, personifiziert sich in gewissem Sinn schon im frühen Schicksal Maria Stuarts. Am 15. Januar 1558 stirbt Maria von England. Elisabeth I., die illegitime Tochter Heinrichs des VIII., wird Königin von England. Maria Stuart, als Enkelin der Margarete Tudor, der Schwester Heinrichs VIII., erhebt unter französischem Druck selbst Ansprüche auf den englischen Thron und wird so zu einer ernsten Bedrohung für Elisabeth. Im Vertrag von Edinburgh, abgeschlossen am 9. Juni 1560, erkennt Schottland Elisabeth als englische Königin an. Der Bürgerkrieg wird beendet, Engländer und Franzosen, von den jeweiligen ›Lords‹ zu Hilfe gerufen, verlassen das vom Krieg und durch die ständigen Streitigkeiten der Adelsfraktionen gepeinigte Land.

Maria Stuart, ein Jahr zuvor Königin von Frankreich geworden, und ihr Mann, König Franz II., weigern sich den Vertrag zu unterschreiben, da diese Unterschrift mit einem Verzicht auf den englischen Königsthron gekoppelt wäre. Einige Wochen später wird der Protestantismus durch Parlamentsbeschluss schottische Staatsreligion. Ende 1560 stirbt Franz II.

Maria verliert damit automatisch den Anspruch auf den französischen Thron und beschließt in ihre schottische Heimat zurückzukehren. Unter gewissen Auflagen – unter anderem die, den Protestantismus nicht zu bekämpfen – wird ihr diese Rückkehr, verbunden mit gewissen Privilegien – sie darf die Messe nach katholischem Ritus privat lesen lassen –, gestattet. Maria bemüht sich zunächst, ihre Thronansprüche in Schottland und England durchzusetzen – in England allerdings nur als Nachfolgerin Elisabeths, falls diese kinderlos bleiben sollte. Die zeitgenössische Berichterstattung kennzeichnet sie vorwiegend als Männer mordenden, epikureischen Vamp. Im September 1565 heiratet sie ihren Cousin Lord Henry Darnley. Diese Heirat – Lord Darnley ist der Urenkel Heinrichs VIII. und besitzt die englische Staatsbürgerschaft – hält ihren Thronanspruch offen. Die Ehe selbst – Darnley ist katholisch und ein häufig betrunkener Lebemann – bringt Maria politisch und privat in Gefahr. Der Widerstand der protestantischen Lords wird größer. Ein Jahr später wird ihr Sekretär Riccio, dem schottischen Adel wegen seiner Macht verhasst und von Darnley mit Eifersucht bespitzelt, Opfer einer Verschwörung.

Er wird vor den Augen Marias ermordet. Es gelingt Maria, diese Verschwörung durch kluges Taktieren ins Leere laufen zu lassen. 1567 wird das Haus König Henrys (= Darnley), der dort wegen einer Pockenerkrankung isoliert lebt, kurz nach dem Besuch Marias in die Luft gesprengt.

Ihn selbst findet man erdrosselt im Garten. James Hepburn, Graf von Bothwell, Führer der antienglisch orientierten Lords, ein Günstling Marias, wird von Lord Lennox, dem Vater Darnleys, wegen Mordes angeklagt. Auf Verlangen Marias tritt das Parlament zusammen, um über Bothwell zu richten. Da der Ankläger nicht erscheint, wird Bothwell freigesprochen. Wenig später entführt er Maria, vermutlich mit ihrem Einverständnis. Am 15. Mai, Bothwell ist inzwischen geschieden und hält Maria auf Schloss Edinburgh in einer Art von Haft, heiratet er Maria. Sie willigt ein, weil sie möglicherweise vergewaltigt worden ist. Die Gerüchte über diese skandalösen Vorgänge führen wenig später zu erneuten Adelsunruhen. Bothwell wird abermals des Mordes an König Henry, zugleich der Entführung der Königin und der gewaltsam erzwungenen Eheschließung angeklagt.

Er kann zunächst entkommen, wird später aber ergriffen und endet in einem Gefängnis in Malmö. Maria, von der gleichen Adelsguerilla festgenommen, die an der Ermordung ihres zweiten Gatten beteiligt war, wird der Mitwisserschaft an eben dieser Ermordung angeklagt und zur Abdankung gezwungen. Im Mai gelingt ihr, die inzwischen zugunsten ihres Sohnes Jakob VI. abgedankt und eine Tochter aus der Ehe mit Bothwell zur Welt gebracht hat, die Flucht. Ihre Absicht, den schottischen Thron erneut zu besteigen, schlägt fehl. Sie verlässt das von den partikularen, religiös legitimierten Machtinteressen der schottischen Lords zerrissene Land und erreicht auf abenteuerlicher Fahrt England. In einem Brief an Elisabeth (17. Mai 1568) bittet Maria die ›Schwester‹ um Asyl und um ein (nie gewährtes) Zusammentreffen. Elisabeth, die den politischen und konfessionellen Kurs des schottischen Thronverwalters Moray unterstützt, kann an einer Rückkehr aus eben diesen Gründen nicht interessiert sein. Gleichzeitig droht durch Marias Anwesenheit der außenpolitische Spielraum Englands eingeschränkt zu werden, weil Spanien und Frankreich immer wieder intervenieren. Innenpolitisch ist Maria eine große Gefahr, da wiederholt Befreiungsversuche zu ihren Gunsten unternommen werden. Gerade der katholische Adel benutzt Marias Gefangenschaft zur Korrektur der eigenen verlorenen Machtpositionen. Die Ermordung des größten Teils des protestantischen Adels in der Bartholomäusnacht des Jahres 1572 führt zu erhöhter Wachsamkeit Elisabeths und ihres Geheimdienstes, der schließlich den Verschwörungsversuch des Sir Anthony Babington im Jahre 1586 aufdeckt. Der Geheimdienst war genauestens über die Verschwörung des katholischen Adligen unterrichtet und gelangt in den Besitz von Briefen, in denen von der Beseitigung Elisabeths die Rede war. Drei Jahre vorher, anlässlich der Ermordung Wilhelms von Oranien, war ein speziell gegen Maria gerichtetes Gesetz eingeführt worden, der »Act for the Queen's Safety«. Danach war auch derjenige dem Gesetz verfallen, zu dessen Gunsten ein Anschlag auf die Königin versucht wurde. Aufgrund dieser ›Lex Stuart‹ wird Maria vor Gericht gestellt und schließlich im November 1586 zum Tode verurteilt.

Trotz des Drängens ihres Parlaments zögert Elisabeth mit der Unterzeichnung des Todesurteils. Nach Entdeckung eines angeblichen neuen Anschlags auf das Leben der Königin ist sie zur Unterschrift bereit. Maria Stuart wird unmittelbar darauf, am 8. Februar 1587, nach fast 20-jähriger Gefangenschaft hingerichtet.

2.2 Schillers literarische Quellen

Ein Leben wie dieses, ein solch unerhörter Tod – Maria war die erste gesalbte Königin des christlichen Abendlandes, die hingerichtet wurde – musste Historiker und vor allem Schriftsteller als Stoff geradezu magisch anziehen. Die historische und dichterische Aufarbeitung dieses Geschehens zeigt denn auch alle parteiischen Züge der Bearbeiter.

Kipka zählt bis zum Erscheinen von SCHILLERS Trauerspiel insgesamt 55 Maria-Stuart-Dramen.[42] Es würde in diesem Rahmen zu weit führen, die Einzelheiten der Stoffgeschichte etwa bis zu den jüngsten Adaptionen durch Brecht und Hildesheimer aufzuführen. Wichtig sind für uns nur die dramatischen Bearbeitungen, die SCHILLER gekannt hat oder zumindest gekannt haben könnte.[43] Kipka vermutet, dass Schiller neben dem Stück von Ch. H. Spieß auch die Dramen von Banks und St. John bekannt waren. Das Stück von JOHN BANKS (um 1650-1710), unter dem Titel *THE ALBION QUEENS OR THE DEATH OF MARY QUEEN OF SCOTS*, zwanzig Jahre nach seiner Entstehung (1684) erschienen, kennt bereits zwei Zusammentreffen der Königinnen. Erst die zweite Begegnung bietet den Anlass für Verurteilung und Tod. Allerdings bereut Elisabeth in BANKS' Stück ihr zu rasches Handeln. Bereits LESSING hatte in seiner *HAMBURGISCHEN DRAMATURGIE* (54.–56. Stück) einige Partien aus einem anderen Drama von Banks, das einen ähnlichen Themenkreis behandelt, diskutiert. SCHILLER muss diese Stellen gekannt haben. Das zweite ihm vermutlich vertraute Stück stammt von JOHN ST. JOHN. Es trägt den Titel *MARY QUEEN OF SCOTS* und erlebte seine Uraufführung im Jahre 1789. Mit SCHILLERS *MARIA STUART* verbinden es, trotz anderen Inhalts, von SCHILLER zumindest in früheren Entwürfen eingeführte Figuren.

Mit Sicherheit hat SCHILLER – er gehörte seit 1783 dem Bühnenausschuss des Mannheimer Nationaltheaters an – den von CHRISTIAN HEINRICH SPIESS eingereichten Dramenentwurf *MARIA STUART* gekannt. Knapp ein Jahr davor hatte er sich in seinem Bauerbacher Asyl bereits mit dem Stoff beschäftigt. SPIESS (1755-1799), ein erfolgreicher Romancier und Dramatiker, hat *MARIA STUART* als melodramatische **Liebes- und Eifersuchtstragödie** konzipiert.[44] Im Zentrum steht Marias Page Douglas, dessen Liebe und rasende Eifersucht auf den Herzog von Norfolk das politische Geschehen völlig in den Hintergrund treten lassen. Der Herzog von Norfolk ist eine historische Figur. Als einer der mächtigsten Peers im Königreich und Führer des katholischen Adels wollte er 1568 Maria heiraten. Als dies von Elisabeth verboten wurde, ließ er dennoch von seinen Befreiungsplänen für Maria Stuart nicht ab und endete am 2. Juli 1572 auf dem Schafott. Marias Page Douglas, der sie aus ihrem schottischen Gefängnis in Lochleven kurz vor ihrer Abreise nach England im Jahre 1568 befreite, steht im Mittelpunkt des Melodrams. Von Maria als Liebhaber abgelehnt, von Rache und Intrigen verleitet, lässt er sich zum Verrat an der geliebten Frau hinreißen und spielt den Feinden der Stuart in die Hand. Zwei Intriganten, schwarzweiß gezeichnete Schurken, streben von vornherein nach der Beseitigung Marias. Im Zentrum der Intrige stehen die so genannten ›Kassettenbriefe‹. Es handelt sich um zehn gefälschte Briefe, die Maria an Bothwell gesandt haben soll. Sie tauchten kurz nach Marias Ankunft in England auf und sollten ihre Mitschuld am Tode Darnleys beweisen. Die beiden Protagonistinnen sind **sichtlich aus Banks' Drama entnommen**[45]. Elisabeth verzichtet auf eine Anwendung der ›Lex Stuart‹ und fordert das Parlament zu menschlichem Handeln auf. Eine neu entdeckte Verschwörung jedoch lässt sie der politischen Notwendigkeit gehorchen, zumal der Pöbel sich um den Tower versammelt hat und der **schönen Marie** huldigt.[46] Sie unterschreibt, allerdings ohne das Urteil mit dem königlichen Siegel zu versehen. Ihr wahrhaft prosaisches Schwanken formuliert Spieß wie folgt: **Es war ihre Hand! Und was zweifle ich noch! will sie mich doch auch ermorden! (setzt die Feder an, sehr gerührt). Sie ist Königinn –**

(weinend). Mir nahe verwandt, meine Blutsfreundinn! (standhaft) aber eine Mörderinn! (unterschreibt).[47]

Maria selbst schreitet, nachdem sie von Norfolks Tod erfahren hat – der Herzog begeht Selbstmord, da er die Schande der Hinrichtung Marias nicht ertragen kann –, zum Schafott. Sie hat allen ihren Feinden verziehen, einen weiteren Anschlag auf Elisabeths Leben verhindert und wird, während das Volk um Gnade fleht,

> **hinausgeführt, eine traurige kleine Stille, man hört einen Schlag – und drei Schläge mit der Glocke; alles erschrickt auf das heftigste; die Bedienten, denen man den Zutritt verwehrt hat, drängen sich weinend hinauf. Mildmay steigt vom Schafott herunter, faßt Murray bei der Hand: Freund! Wir haben gesiegt. Kommen Sie zur Königin.**[48]

Mildmay und Murray sind die oben schon gekennzeichneten Intriganten. Diese kleine Kostprobe hilft wohl – sie repräsentiert sprachlich und inhaltlich ein damals beliebtes dramatisches Genre – die Schiller'sche Tragödie, unbeschadet aller Qualitätsfragen, einzuordnen.

2.3 Entstehungsgeschichte von »Maria Stuart«

Schiller selbst beschäftigt sich recht früh mit Plänen für ein Maria-Stuart-Drama. Ein paar Tage nach seiner Ankunft in Bauerbach erbittet er sich am 9. Dezember 1782 vom Meininger Bibliothekar Reinwald unter anderem William Robertsons »The History of Scotland. During the Reigns of Queen Mary and of King James VI.« sowie die »History of Great Britain« von David Hume. Die vor allem die Prozessakten extensiv auswertende Quelle von William Camden[49] hatte Schiller ebenso hinzugezogen, wie ein Brief an Reinwald beweist:

> **Ich hab ihm [dem Verleger Weygand in Leipzig] die prosaische Erzählung abgesagt, dafür aber meine *Maria Stuart* versprochen. [...] Zu meiner *Maria Stuart*, liebster Freund, schicken sie mir doch jetzt auch Geschichten. Camden ist herrlich, doch ist es gut, wenn ich mehrere habe.**[50]

Obwohl sich Schiller noch mit einem anderen Dramenplan beschäftigte, dürften in dieser Zeit schon einige Szenen für *Maria Stuart* entstanden sein. Der Stoff selbst hat Schiller immer wieder beschäftigt. März 1788 sendet er Charlotte von Lengefeld eine Übersetzung Robertsons mit der Bitte: **Lassen Sie sich die Leiden der armen Königin zu Herzen gehen.** Als Herausgeber der »Allgemeinen Sammlung historischer Memoires« (von 1790-93) lässt Schiller unter anderem eine Biografie Maria Stuarts erscheinen.

Die intensive, dramatisch produktive Auseinandersetzung mit dem Stoff beginnt erst nach der Vollendung des Wallenstein. Beleg dafür ist eine Tagebucheintragung Goethes vom 16. Februar 1799: **Mittags Hofrat**

Schiller. Gespräche über Maria Stuart und andere tragische Gegenstände.[51] Die Wiederbegegnung mit dem Stoff vollzieht sich also im Zusammenhang der Diskussion um die Gattung der Tragödie. Einige Wochen später scheint SCHILLER – er ist mitten in den Proben zum *WALLENSTEIN* – das historische Sujet leid zu sein. Er schreibt am 19. März an GOETHE:

> Ich werde Ihnen, wenn Sie hier sind, einige tragische Stoffe, von freier Erfindung, vorlegen, um nicht in der ersten Instanz, in dem Gegenstande, einen Mißgriff zu tun. Neigung und Bedürfnis ziehen mich zu einem frei phantasierten, nicht historischen, und zu einem bloß leidenschaftlichen und menschlichen Stoff, denn Soldaten, Helden und Herrscher habe ich vor jetzt herzlich satt.

Trotz seiner ›ahistorischen‹ Neigungen fällt am 25. April 1799 in einem Brief an GOETHE die Entscheidung zugunsten eines historischen Stoffes:

> Die Zerstreuungen, die ich in Weimar erfahren, klingen heute noch bei mir nach, und ich kann noch zu keiner ruhigen Stimmung kommen. Indessen habe ich mich an eine Regierungsgeschichte der Königin Elisabeth gemacht und den Prozeß der Maria Stuart zu studieren angefangen. Ein paar tragische Hauptmotive haben sich mir gleich dargeboten und mir großen Glauben an diesen Stoff gegeben, der unstreitig sehr viel dankbare Seiten hat. Besonders scheint er sich zu der Euripidischen Methode, welche in der vollständigsten Darstellung des Zustandes besteht, zu qualifizieren, denn ich sehe eine Möglichkeit, den ganzen Gerichtsgang zugleich mit allem Politischen auf die Seite zu bringen und die Tragödie mit der Verurteilung anzufangen. Doch davon mündlich und bis meine Ideen bestimmter geworden sind.

Nach intensivem Quellenstudium beginnt SCHILLER – er hat mittlerweile das Konzept der Gesamtfabel entworfen – mit der Ausarbeitung der ersten Szenen. Seine höchst bewusste Produktionsplanung lässt der Brief vom 4. Juni 1799 an GOETHE ahnen:

> Ehe ich an den zweiten Akt komme, muß in den letzten Akten alles klar sein. Und so habe ich denn heute, den 4ten Juni, dieses Opus mit Lust und Freude begonnen und hoffe in diesem Monat schon einen ziemlichen Teil der Exposition zurückzulegen.

Vierzehn Tage später erörtert SCHILLER in einem weiteren Brief an GOETHE die spezifisch tragische Struktur seiner Fabel:

> Ich fange schon jetzt an, bei der Ausführung, mich von der eigentlich *tragischen* Qualität meines Stoffes immer mehr zu überzeugen, und darunter gehört besonders, daß man die Katastrophe gleich in den ersten Szenen sieht, und indem die Handlung des Stücks sich davon wegzubewegen scheint, ihr immer näher und näher geführt wird. An der Furcht des Aristoteles fehlt es also nicht, und das Mitleiden wird sich auch schon finden.

Offenbar zur theoretischen Klärung seiner Absichten liest SCHILLER in dieser Zeit erneut LESSINGS *HAMBURGER DRAMATURGIE.* In zwei Briefen an GOETHE (12. und 19. Juli) wird einerseits über die Tendenz zur ›Trockenheit‹ bei der Exposition geklagt, andererseits moniert SCHILLER die sich hinziehende Dauer der Arbeit und begründet diese Verzögerung:

> **Von der *MARIA STUART,* werden Sie nicht mehr als *einen* Akt fertig finden; dieser Akt hat mir deswegen viel Zeit gekostet und kostet noch 8 Tage, weil ich den poetischen Kampf mit dem historischen Stoff darin bestehen mußte und Mühe brauchte, der Phantasie eine Freiheit über die Geschichte zu verschaffen [...].**

Am 24. Juli ist der 1. Akt vollendet und die Arbeit geht zügig voran. **Ich bin auch schon ganz ernstlich im zweiten Akte bei meiner königlichen Heuchlerin** schreibt er am 30. Juli an GOETHE. Am 9. August wiederum informiert er Körner über den Fortschritt der Arbeit:

> **Ein Dritteil der neuen Tragödie habe ich schon hinter mir, und das Schwerste vom Ganzen. Ich bin nun sicher, daß ich mich im Stoff nicht vergriffen habe, ob man gleich glauben sollte, daß ein so allgemein bekannter und tragischer Stoff, eben weil er noch von keinem guten Poeten benutzt worden, einen geheimen Fehler haben müßte.**

Der 2. Akt wird schließlich am 26. August beendet, der 3. am nächsten Tag begonnen. Fast den ganzen folgenden Monat September ist SCHILLER durch Arbeiten für seinen *MUSENALMANACH* absorbiert, besonders durch die Endredaktion des »Liedes von der Glocke«, in dem er eine Art Grundbuch bürgerlicher Tugenden formuliert. Noch am 3. Septemter hatte er an GOETHE berichtet:

> **[...] ich habe die Handlung bis zu der Szene geführt, wo die beiden Königinnen zusammenkommen. Die Situation ist an sich selbst moralisch unmöglich, ich bin sehr verlangend, wie es mir gelungen ist, sie möglich zu machen. Die Frage geht zugleich die Poesie überhaupt an, und darum bin ich doppelt begierig, sie mit Ihnen zu verhandeln. Ich fange in der *MARIA STUART* an, mich einer größern Freiheit im Silbenmaß zu bedienen, wo die Gelegenheit es rechtfertigt. Diese Abwechslung ist ja auch in den griechischen Stücken, und man muß das Publikum an alles gewöhnen.**

Mehrere Zusammenkünfte mit GOETHE, der sich im September in Jena aufhält, scheinen den Fortschritt der Arbeit wesentlich gefördert zu haben. Nach der schweren Erkrankung seiner Frau und der Übersiedlung nach Weimar nimmt SCHILLER die Arbeit, durch Diskussionen mit GOETHE gefördert, wieder auf. Wichtig für seine Arbeit wird jetzt der permanente und lebendige Kontakt mit dem Theater und den realen Bedingungen dramatischer Inszenierung. Eine schwere Erkrankung, die ihm die Weiterarbeit von Mitte Februar bis Mitte März verbietet, behindert SCHILLER erheblich.

Anfang Mai sind schließlich die ersten vier Akte beendet, der fünfte in Angriff genommen.

Gleichzeitig beginnt er mit den Vorbereitungen zur Uraufführung. Leseproben für die vorgesehenen Schauspieler werden veranstaltet. Mitte Mai zieht sich SCHILLER auf das herzogliche Schloss Ettersburg zurück und schließt, nach Weimar zurückgekehrt, am 9. Juni den 5. Akt des Dramas ab. Als der Herzog bei GOETHE wegen der Abendmahlsszene interveniert, wendet sich dieser an SCHILLER, der GOETHE offenbar weitestgehend von der poetischen Logik dieser Szene überzeugen kann – wie ein Brief vom 22. Juni 1800 an IFFLAND beweist. Am 14. Juni erlebt das Drama seine Uraufführung, die Buchfassung – an einigen Stellen geändert – erscheint im April 1801.

3 Text, Struktur, Funktion

3.1 Stoff und Gattung

Angesichts der geschilderten historischen und ästhetischen Kontexte konnte SCHILLERS *MARIA STUART* nur sehr divergierende Reaktionen und Deutungen auslösen.

Als ›Stieftochter der Muse‹ gilt sie Jean Paul, der ältere Schlegel lobt ›Kunstfertigkeit‹ und ›Gründlichkeit‹, ›Meisterstück‹ (Platen) und zu viel ›künstlerische Berechnung‹ (Petersen) sind die kontroversen Attribute. Fehlen des ›Herztons‹ und mangelnde Beherrschung der analytischen Struktur reihen sich würdig an. Die Befürworter loben das von den Gegnern Getadelte. Staiger rühmt die dramatisch-tragische Meisterschaft, und Adolf Beck entdeckt wie in keinem anderen Drama SCHILLERS den von M. Gerhard (s. o.) vermissten ›Herzton‹. Zeitgenössische wie moderne Kritiker konzentrieren sich lobend und tadelnd vorwiegend auf zwei Datengruppen: die ambivalent gewertete Artifizialität bzw. die Emotionalität des Stückes.

Auch das eigentliche Thema des Stückes und seine Intention waren schon den Zeitgenossen nicht ganz deutlich. GOETHES bekannt gewordene etwas drastische Bemerkung illustriert exemplarisch diese Not: **Mich soll nur wundern, was das Publikum sagen wird, wenn die beiden Huren zusammenkommen und sich ihre Aventuren vorwerfen.**[52] Äußerungen dieser Art ließen sich fast beliebig vermehren. Versuchen wir also zunächst durch Analyse der Stoffwahl bzw. der Gattungsproblematik der Textintention näher zu kommen; detailliert gefragt: Was hat SCHILLER bewogen, nach der *WALLENSTEIN*-Trilogie, trotz des deutlich dokumentierten Unwillens **an Soldaten, Helden und Herrscher**[n] (wie er am 19. März 1789 an GOETHE schreibt) wieder ein historisches Drama zu schaffen? Und zweitens: Warum wählte er die Gattung der Tragödie und inwieweit ist diese Wahl mit seiner in den *ÄSTHETISCHEN BRIEFEN* entwickelten klassischen Literaturprogrammatik vereinbar?

In vorklassischer Zeit äußert SCHILLER eine relativ triviale Auffassung vom poetischen Wert der Geschichte. In einem Brief an Karoline von Beulwitz schreibt er am 10. Dezember 1788: **Die Geschichte ist überhaupt nur ein Magazin für meine Phantasie, und die Gegenstände müssen sich gefallen lassen, was sie unter meinen Händen werden.** In klassischer Zeit thematisiert er diese Problematik in Form des aufklärerischen Topos von ›historischer‹ und ›poetischer‹ Wahrheit. Relativ eng an Aristoteles und Lessing orientiert fordert er, dass der Tragödiendichter nicht vor das ›Tribunal der

Geschichte‹ gezogen werden dürfe. Der Grund für diese These ist SCHILLERS wirkungsästhetische Auffassung von Dichtung, die den Inhalt, und damit auch das historische Sujet, den poetischen Wirkungsgesetzen unterordnet:

> In einem wahrhaft schönen Kunstwerk soll der Inhalt nichts, die Form aber alles tun; denn durch die Form allein wird auf das Ganze des Menschen, durch den Inhalt dagegen nur auf einzelne Kräfte gewirkt. Der Inhalt, wie erhaben und weltumfassend er auch sei, wirkt also jederzeit einschränkend auf den Geist, und nur von der Form ist wahre ästhetische Freiheit zu erwarten.[53]

SCHILLER hat dennoch, trotz der scheinbaren Geringschätzung des geschichtlichen Stoffes – mit Ausnahme der *BRAUT VON MESSINA* – historische Themen gewählt. Eine Begründung für diesen Tatbestand gibt er in indirekter Form in einem Brief vom 20. August 1799 an GOETHE – die Arbeit an *MARIA STUART* hat bereits begonnen:

> Überhaupt glaube ich, daß man wohl tun würde, immer nur die allgemeine Situation, die Zeit und die Personen aus der Geschichte zu nehmen und alles übrige poetisch frei zu erfinden, wodurch eine mittlere Gattung von Stoffen entstünde, welche die Vorteile des historischen Dramas mit dem erdichteten vereinigte.

Der Inhalt erweist sich somit als notwendig für den Triumph der Fiktion, er ist dessen dialektische Ergänzung. Somit gehen über die Auswahl und Strukturierung des Stoffes zwangsläufig zeitgenössische Perspektiven und Tendenzen ein. Das historische Drama erweist sich so als ein hermeneutisch gebundenes Produkt und macht den außerhalb und innerhalb der Literatur bestehenden historischen oder literarischen Diskurs poetisch kritisierbar. SCHILLERS historische Dramen beabsichtigen [...] **nicht geringeres als das Drama des politischen Lebens in seinen Haupttendenzen auf die Schaubühne zu bringen, die für ihn schon immer der Ort war, wo die Rechtshändel der Menschheit zur Darstellung gelangen sollen.**[54]

Diese politische Tendenz hatte SCHILLER explizit bereits im Prolog seines *WALLENSTEIN* formuliert:

> Die neue Ära, die der Kunst Thaliens
> Auf dieser Bühne heut beginnt, macht auch
> Den Dichter kühn, die alte Bahn verlassend,
> Euch aus des Bürgerlebens engem Kreis
> Auf einen höhern Schauplatz zu versetzen,
> nicht unwert des erhabenen Moments
> Der Zeit, in dem wir strebend uns bewegen.
> Denn nur der große Gegenstand vermag
> Den tiefen Grund der Menschheit aufzuregen;
> Im engen Kreis verengert sich der Sinn,
> Es wächst der Mensch mit seinen größern Zwecken.[55]

Die Neuheit des klassischen Literaturprogramms, der Grund der Gattungswahl und das pädagogisch-anthropologische Ziel werden genannt, aber auch in dialektischer Ergänzung wenig später die zeitgenössische politische Ausgangssituation: **Um Herrschaft und um Freiheit wird gerungen.**[56] Der öffentliche, politische Auftrag der Kunst ist verkündet!

Die spezifisch zeitgenössischen Bezüge des Stoffes waren für keinen Zuschauer oder Leser übersehbar. Die Wiener Zensurbestimmungen z. B. schlossen rigoros diejenigen Stoffe von einer Veröffentlichung aus, die ein kritisches Licht auf die Politik des Hauses Habsburg hätten werfen können. Dazu gehörten die Empörung der Schweizer Eidgenossenschaft und der Befreiungsversuch der Vereinigten Niederlande gegen Philipp II. Nicht erlaubt waren vor allem Stücke, die die Hinrichtung von Regenten zu ihrem Thema hatten: **So wie z. B. jene Karls I. in England, der Maria Stuart von Schottland, jene Ludwigs XVI. von Frankreich schon gar nicht.**[57] Somit galten in den Augen der Zensoren *Wilhelm Tell, Egmont, Don Carlos* neben *Maria Stuart* als unerwünscht. Letztere wurde auch folgerichtig 1801 verboten. Zumindest die Wiener Zensurbehörde als eine etwas eigenwillige Rezeptionsinstanz wertete *Maria Stuart* nicht im Sinne einer Verherrlichung oder Rechtfertigung einer katholischen Königin.

Der sich zuspitzende Konflikt zwischen Frankreich (Napoleon) und England bildet ebenfalls einen aktuellen Hintergrund des Dramas. In seinem Gedicht »Der Antritt des neuen Jahrhunderts« hatte Schiller bereits unter Bezugnahme auf die imperiale Expansion Großbritanniens die Entartung der geschichtlichen Welt der ästhetischen Utopie gegenübergestellt. Doch wie bewusst sich auch Schiller selbst des zeitgenössischen Bezugs seines historischen Dramas war, zeigt abschließend sein Brief vom 2. August 1799 an Goethe – Schiller befindet sich mitten in der Arbeit am 2. Akt seiner *Maria Stuart:*

> **Indem Sie Miltons Gedicht vor die Hand genommen, habe ich den Zeitraum, in dem es entstanden und durch den es eigentlich wurde, zu durchlaufen Gelegenheit gehabt. So schrecklich die Epoche war, so muß sie doch für das dichterische Genie erweckend gewesen sein, denn der Geschichtsschreiber hat nicht unterlassen, mehrere in der englischen Poesie berühmte Namen unter den handelnden Personen aufzuführen. Hierin ist jene Revolutionsepoche fruchtbarer als die französische gewesen, an die sie einen sonst oft erinnert. Die Puritaner spielen so ziemlich die Rolle der Jakobiner, die Hilfsmittel sind oft dieselben und ebenso der Ausschlag des Kampfs. Solche Zeiten sind recht dazu gemacht, Poesie und Kunst zu verderben, weil sie den Geist aufregen und entzünden, ohne ihm einen Gegenstand zu geben. Er empfängt alle Objekte von innen, und die Mißgeburten der allegorischen, der spitzfindigen und mytischen Darstellung entstehen.**

Neben der historischen Abhängigkeit der Kunst von ihrer Epoche, der Parallelisierung beider Revolutionen wird die Gefahr der fiktiven Stoffproduktion kenntlich gemacht.

Die politisch wie ästhetisch motivierte Stoffwahl SCHILLERS sollte durch diese Ausführungen einigermaßen plausibel geworden sein. Nicht geklärt dagegen ist die Frage, warum er die Gattung der ›klassizistischen‹ Tragödie wählt. Gerade die deutliche Wendung zum Klassizismus wurde und wird meist als biografisch und ideologisch bedingte Wendung zu einer restaurativen Literaturpolitik verstanden.

Was wie ein ästhetischer Anachronismus aussieht, ist in SCHILLERS Sicht die zeitbedingte, notwendige Antwort auf den Zustand gesellschaftlicher Deformation. In seiner Schrift *ÜBER NAIVE UND SENTIMENTALISCHE DICHTUNG* hat er die inhaltlichen und formalen Konsequenzen seiner in den *ÄSTHETISCHEN BRIEFEN* formulierten Literaturprogrammatik ausgearbeitet. SCHILLER sieht nun in einer neuen Form der ›Idylle‹ das Ziel einer ›modernen‹ Dichtung. Die Idyllendichtung der Aufklärung hatte das ›goldene Zeitalter‹ der antiken Bukolik zunehmend auf die Idealisierung familiär-bürgerlicher und ländlicher Verhältnisse reduziert. SCHILLERS Antwort auf diese Privatisierung war die Forderung nach einer ›elysischen‹ Idyllenform, die diese Privatisierung der arkadischen Idylle angesichts der ›prosaischen‹ Zeitverhältnisse vermied. Der Idyllendichter:

> **[...] führe uns vorwärts zu unsrer Mündigkeit, um uns die höhere Harmonie zu empfinden zu geben, die den Kämpfer belohnet, die den Überwinder beglückt. Er mache sich die Aufgabe einer Idylle, welche jene Hirtenunschuld auch in Subjekten der Kultur und unter allen Bedingungen des rüstigsten feurigsten Lebens, des ausgebreitetesten Denkens, der raffiniertesten Kunst, der höchsten gesellschaftlichen Verfeinerung ausführt, welche mit einem Wort, den Menschen, der nun einmal nicht mehr nach *Arkadien* zurück kann, bis nach *Elysium* führt.**[58]

Der moderne, ›sentimentalische‹ Dichter, der durch die Trennung von Vernunft und Sinnlichkeit entfremdete Dichter, soll den Weg zur Mündigkeit im Medium der Kunst utopisch realisieren. SCHILLERS klassische Dramatik enthält solche Realisierungsversuche bis auf *WILHELM TELL* nur in der Form des Scheiterns. Es ist ›Los der Schönen‹, in der Welt der Geschichte zu scheitern und im Scheitern den Vorschein einer utopischen Welt zu vermitteln.

Die gegenwärtige Welt aber ist nach SCHILLER nur in einer spezifischen Art der Tragödie darstellbar. Kurz nach der Uraufführung der *MARIA STUART* schreibt SCHILLER am 26. Juli 1800 an Johann Wilhelm Süvern:

> **Unsere Tragödie, wenn wir eine solche hätten, hat mit der Ohnmacht, der Schlaffheit, der Charakterlosigkeit des Zeitgeistes und mit einer gemeinen**

Denkart zu ringen, sie muß also Kraft und Charakter zeigen, sie muß das Gemüth zu erschüttern, zu erheben, aber nicht aufzulösen versuchen. Die Schönheit ist nur für ein glückliches Geschlecht, aber ein unglückliches muß man erhaben zu rühren suchen.

Aus dieser Funktionsbestimmung der Tragödie, nämlich ›zu erschüttern‹ ohne aufzulösen, sind alle Merkmale der klassischen Schiller'schen Dramatik ableitbar. Noch LESSING hatte zwei Gründe dafür angeboten, worin denn der individuelle bzw. soziale Sinn bestehe, eine Tragödie zu rezipieren.

Der Anblick menschlicher Leiden mache mitfühlender, zugleich erfahre der Zuschauer, dass menschliches Leid sinnvoll eingefügt sei in einen Gesamtplan göttlicher Theodizee. SCHILLERS Lösung nimmt dem Zuschauer der Tragödie nicht den **Grund des Vergnügens an tragischen Gegenständen.**

Der letzte Zweck der Kunst ist die Darstellung des Übersinnlichen und die tragische Kunst insbesondere bewerkstelligt dies dadurch, daß sie uns die moralische Independenz von Naturgesetzen im Zustand des Affekts versinnlicht.[59]

Mit dem ›Übersinnlichen‹ meint SCHILLER das moralische Gesetz in uns, die den Menschen als autonomes Subjekt definierende Willensfreiheit, die im Drama dargestellt werden muss. Im Zustand der Erhabenheit triumphiert die ›moralische‹ Freiheit über die ›sinnliche‹ Natur des Menschen. Der Tragiker hat also die sinnlich-geistige Doppelnatur des Menschen zu gestalten und den Triumph der ›moralischen‹ Freiheit des Subjekts, gegebenenfalls im Scheitern, darzustellen. Dies – so SCHILLERS Überzeugung – löse im Zuschauer ›Vergnügen‹ aus.

Doch warum wählt SCHILLER den Typus der damals eher verachteten ›klassizistischen‹ Tragödie? Eine erste Antwort gab die Untersuchung seines Gedichtes »An Goethe«. Dort war die Notwendigkeit eines temporären Klassizismus legitimiert. Der eigentliche Grund für SCHILLERS Wahl dürfte jedoch in seinen wirkungsästhetischen Zielen zu suchen sein. In der schon mehrfach erwähnten Vorrede zur *BRAUT VON MESSINA* – das Drama, das neben *MARIA STUART* als sein klassizistisches Werk gelten darf – hat SCHILLER die Notwendigkeit des Chors und damit des von ihm gerechtfertigten Tragödientypus begründet:

Der Dichter muß die Paläste wieder auftun, er muß die Gerichte unter freien Himmel herausführen, er muß die Götter wieder aufstellen, er muß alles Unmittelbare, das durch die künstliche Einrichtung des wirklichen Lebens aufgehoben ist, wieder herstellen.[60]

Die nach SCHILLERS Meinung historisch notwendig verloren gegangene Humanität der Moderne, die Abstraktheit der modernen Welt, lässt sich nicht in der Form des bürgerlichen Trauerspiels darstellen. Das bürgerliche

Trauerspiel ist **ein Symptom der Entfremdung zwischen Bürger und Staat, zwischen dem politischen Menschen und dem Privatmenschen**[61] geworden.

Im bewusstem Kontrast dazu und konträr gegen den ästhetischen Geschmack seiner Zeit gerichtet, entscheidet sich SCHILLER angesichts der politischen Gegenwart für das Theater der ›Staatsaktion‹, für den Typus der öffentlichen Tragödie, gegen die ›tragédie domestique‹.

3.2 Intention

SCHILLERS klassische Dramen stellen im Scheitern wie im Gelingen die Idee der menschlichen Gattung dar. Das Spezifikum des Menschen aber ist sein Wille, seine Fähigkeit zum sittlichen Handeln.

> **Schon der bloße Wille erhebt den Menschen über die Tierheit; der moralische erhebt ihn zur Gottheit [...] Der Wille ist der Geschlechtscharakter des Menschen, [...] Alle anderen Dinge müssen; der Mensch ist das Wesen, welches will.**[62]

Diese anthropologische Grundvorstellung ist zugleich das kritische Modell, an dem konkreter individueller wie gesellschaftlicher Fortschritt gemessen wird. Das darüber hinausgehende Ideal einer ästhetisch wiederhergestellten humanen Totalität als Voraussetzung menschlicher ›Glückseligkeit‹ lässt sich im Rahmen des Geschichtsdramas nur als Scheitern, genauer als äußeres Scheitern, darstellen. Entstehungsgeschichtlich liegt *MARIA STUART* (1800) zwischen SCHILLERS *WALLENSTEIN* (1799) und der *JUNGFRAU VON ORLEANS* (1801). Diesem chronologischen Verhältnis entspricht eine thematische und formale Mittelstellung in Bezug auf die Gattung des historischen Dramas.

Thematisch steht *MARIA STUART* zwischen Geschichtstragödie und Erlösungsdrama. Gekleidet in die Form eines Rechtsprozesses, der den Zuschauer zum Betrachter und Richter ernennt, führt das Drama zur ästhetischen Revision eines historischen ›Fehlurteils‹. Die historisch Verurteilte wird freigesprochen, die Richterin überführt. Der ›poetische‹ Prozess ›reformuliert‹ den zentralen Konflikt zwischen Macht und Recht, zwischen Legitimität und Moralität anhand zweier grundsätzlicher Modelle geschichtlich-politischen Handelns, und im tragischen Scheitern beider zugleich die historisch (noch) nicht gegebene Versöhnbarkeit von individuellem und gesellschaftlichem Interesse. So demonstriert das Drama am historischen Modell Möglichkeiten, Varianten, Korrekturen einer neuen Gesellschaft, in der der zwar entwicklungsgeschichtlich notwendige, die moderne Zeit aber dehumanisierende Prozess der Entfremdung ›ästhetisch‹ neu verhandelt wird. Zugleich enthält das Drama die Notwendigkeit geschichtlicher Prozesse als kontingent und zumindest poetisch korrigierbar. So kann Dichtung das leisten, was SCHILLER in seinen Briefen zunächst als Problem formuliert hatte:

> **Das große Bedenken also ist, daß die physische Gesellschaft *in der Zeit* keinen Augenblick aufhören darf, indem die moralische *in der Idee* sich bildet, daß, um der Würde des Menschen willen seine Existenz nicht in Gefahr geraten darf. Wenn der Künstler an einem Uhrwerk zu bessern hat, so läßt er die Räder ablaufen; aber das lebendige Uhrwerk des Staats muß gebessert werden, indem es schlägt [...]**[63]

Die Bildung der ›moralischen Gesellschaft‹ in seiner Zeit voranzutreiben ist der öffentliche Auftrag des Künstlers, darin besteht seine Zeitgenossenschaft und deren Verpflichtung. Doch eine allgemeine Reflexion über Macht und Recht wäre ein relativ unspezifischer Beitrag zur Diskussion einer neuen, nachrevolutionären Gesellschaft. Unverständlich bliebe so die von SCHILLER im Gedicht »Die unüberwindliche Flotte« – es ist im Jahre 1786 entstanden und 1803 in den zweiten Teil der *GEDICHTE* aufgenommen worden – unüberhörbar ausgesprochene Sympathie für das geschichtlich fortschrittliche England, das ein Jahr nach der Hinrichtung Maria Stuarts die spanische Armada vernichtete. England wird als **glücksel'ge Insel,** Wohnstätte eines **freigebornen Volke**[s], als **der Länder Fürstin** gefeiert. Die **großherzige Britannia** darf sich einer einzigartigen politischen Leistung rühmen:

> **Hast du nicht selbst von stolzen Königen gezwungen,**
> **Der Reichsgesetze weisestes erdacht.**
> **Das *große Blatt*, das deine Könige zu Bürgern,**
> **Zu Fürsten deine Bürger macht?**[64]

Das fortschrittliche England, die letzte **Tyrannenwehre,** steht gegen das reaktionäre, **mit Kettenklang und einem neuen Gotte** nahende Spanien. SCHILLERS Einschätzung des Fortschritts ist seit der Französischen Revolution deutlich pessimistischer geworden, und so erfasst denn auch sein Maria-Stuart-Drama den Konflikt zwischen Macht und Recht nicht abstrakt, sondern in Bezug auf die Problematik seiner Zeit als Konflikt zwischen politischem, geschichtlichem ›Fortschritt‹ und der Frage der ethischen Legitimität solchen Fortschritts. Der Fortschrittsglaube einer sich rechtlich und ethisch ›bürgerlich‹ exponierenden Gesellschaft wird einer kritischen Revision unterzogen. So modelliert SCHILLERS Drama zeitgenössisch und prinzipiell zugleich, im Bezug von individuell-historischer und allgemein-humaner Perspektive ein Hauptthema seiner Zeit. Wie sich diese Problematik im Text artikuliert, wird später genauer zu zeigen sein.

3.3 Aufbau

3.3.1 Titel und Gattung

Den Schiller'schen Intentionen politischer wie ästhetischer Art dient in erster Linie der Aufbau des Dramas. Die äußere dramatische Handlung ist in Form einer überschaubaren, den Konflikt antithetisch formulierenden Großstruktur organisiert, die mit Recht Bewunderung hervorgerufen hat. Schon der lapidare Titel *MARIA STUART* – wir dürfen die Kenntnis des Stoffes bei den damaligen Lesern voraussetzen – lässt kein bürgerlich-familiäres Sujet erwarten, sondern eine die Öffentlichkeit fordernde ›Staatsaktion‹. Zugleich dürfte bei den Gebildeten die Assoziation mit anderen Stuart-Dramen, spezifisch vom Typus der barocken Märtyrertragödie, hervorgerufen worden sein. Auch der Untertitel »Trauerspiel in fünf Aufzügen« verrät die Wirkungsabsicht. Die Wahl des Namens entpuppt sich rasch als wirkungsästhetisches Programm. Schauen wir uns die Gattungsbezeichnungen der klassischen Dramen SCHILLERS an, so erweisen sie sich als alles andere denn zufällig. *WALLENSTEIN* wird als »dramatisches Gedicht«, *DIE JUNGFRAU VON ORLEANS* als »romantische Tragödie«, *DIE BRAUT VON MESSINA* als »Trauerspiel mit Chören«, *WILHELM TELL* schließlich mit »Schauspiel« untertitelt. *MARIA STUART* und *DIE BRAUT VON MESSINA* betonen den reinen Gattungstypus und damit das Exemplarische der Gattung. So durfte der Zuschauer ein Drama im Stil der klassischen Tragödie erwarten, gegliedert in fünf Akte, von rigider Tektonik, mit Beachtung der obligatorischen drei ›Einheiten‹ und der Wahrung des rhetorisch anspruchsvollen Sprachstils. Die Hauptpersonen unterliegen selbstverständlich der Ständeklausel. Das Personenverzeichnis lässt den kommenden Konflikt der Protagonistinnen ahnen, denn Maria wird neben ihrer Funktion auch durch die Angabe ihrer Situation gekennzeichnet: **Gefangene in England.** Zudem wird die eher familiäre als funktionale Zuordnung der Anhänger Marias im Gegensatz zu denen Elisabeths – Ausnahme die Beziehung Paulet-Mortimer – durch die zugeordneten Possessiva **ihr Arzt** etc. signalisiert. Der Gegensatz von privater und öffentlicher Sphäre scheint angekündigt. Die **symmetrische Antithetik**[65] des Dramas zeigt sich deutlich in der Verteilung der Protagonistinnen auf die einzelnen Akte. Der 1. Akt zeigt uns Maria Stuart als Gefangene. Die schottische Königin erscheint in sechs von insgesamt acht Szenen dieses Aktes. Das personale wie situative Gegenbild demonstriert der 2. Akt. Er wird von der strahlenden Herrscherin Elisabeth eingeleitet und endet mit dem Entschluss der englischen Königin die Rivalin zu treffen. Der 3. Akt schließlich, in dem das Todesurteil unterzeichnet wird, schildert den *physischen* Triumph Elisabeths, während der letzte Akt vornehmlich den *moralischen* Triumph Marias darstellt. Um den 3. Akt als dramatisches Zentrum gruppieren sich so die steigernden und retardierenden Momente.

3.3.2 Zeit und Ort

Naturnachahmung und Illusionstheater waren die zeitgenössischen dramatischen Postulate der damaligen Literaturkritik. Die Lehre von den drei Einheiten ergibt sich aus diesen Prämissen gleichsam von selbst. Die Einheit des Ortes und der Zeit wurden dabei relativ großzügig interpretiert. Trotz dieser ›Liberalität‹ galt die Bewahrung der Einheiten als Zeichen literarischer Qualität. Die Literaturkritik hatte vor allem die Jugenddramen SCHILLERS entsprechend negativ bewertet. Als erlaubt galten der Kritik ein Handlungszeitraum bis zu zwei Tagen und einige wenige Wechsel des fiktiven Ortes.

Gegen diese dramaturgischen Postulate hat sich SCHILLER explizit in der Vorrede zur *BRAUT VON MESSINA* ausgesprochen:

> **Der bildenden Kunst gibt man zwar notdürftig [...] eine gewisse Idealität zu, aber von der Poesie und von der dramatischen insbesondere verlangt man *Illusion*, die, wenn sie auch wirklich zu leisten wäre, immer nur ein armseliger Gauklerbetrug sein würde. Alles Äußere bei einer dramatischen Vorstellung steht diesem Begriff entgegen – alles ist nur Symbol des Wirklichen. Der Tag selbst auf dem Theater ist nur ein künstlicher, die Architektur ist nur eine symbolische, die metrische Sprache selbst ist ideal, aber die Handlung soll nun einmal real sein und der Teil das Ganze zerstören. So haben die Franzosen, die den Geist der Alten zuerst ganz mißverstanden, eine Einheit des Orts und der Zeit nach dem gemeinsten empirischen Sinn auf der Schaubühne eingeführt, als ob hier ein anderer Ort wäre als der bloß ideale Raum und eine andere Zeit als bloß die stetige Folge der Handlung.**[66]

SCHILLER deutet also die konventionellen ›Regeln‹ der Dramaturgie im Sinne einer Ausdruckssymbolik um. Speziell *MARIA STUART* zeigt diese semantische Umdeutung der ursprünglich im Rahmen der dramatischen Mimesis-Theorie formulierten Vorstellungen. SCHILLER verzichtet in seinem Drama auf explizite Zeitangaben. Geplant ist ja die Darstellung der ›poetischen‹ Wahrheit, nicht ein historischer Realismus. Dennoch lässt sich die dramatisch wirkungsvoll ›geballte‹ Zeitstruktur erschließen, die die ›Präzipitation der Handlung‹ sinnfällig macht. Hannah Kennedy nennt im ersten Auftritt des 3. Aktes den Zeitpunkt der Urteilsverkündigung: **Noch gestern kündigt man den Tod Euch an [...]** (V. 2130). Diese ›Ankündigung‹ erfolgt im 1. Akt durch Mortimer (V. 578) und offiziell durch Burleigh (V. 846 ff.). Im 2. Akt heißt es: **Heut ist das große Jagen, / An Fotheringhay führt der Weg vorbei [...]** (V. 2059 f.). Also muss zwischen dem 1. und 2. Akt ein Tag verstrichen sein. Der zweite Tag ist der Zeitraum, innerhalb dessen die Akte 2 bis 4 spielen. Der 5. Akt schließlich beginnt in den frühen Stunden des dritten Tages und endet bei vorgerückter Tageszeit: **Will es / Nicht Abend werden?** (V. 3876 f.). Das Schiller'sche Stück spielt also am 6., 7. und 8. Februar. Der historische Darnley, dessen Todestag sich jährt (V. 271 ff.), wurde am 9. Februar des Jahres 1567 ermordet. SCHILLER hat aus erkennbaren dramaturgischen Gründen – das zentrale ›Schuldmotiv‹ wird so eingeführt – die korrekte historische Chronologie geändert. Auch die Zeit der Gefangenschaft der geschichtlichen Maria Stuart hat SCHILLER erheblich verkürzt. Die Gefangenschaft der schottischen Königin dauerte insgesamt 19 Jahre, da sie ja 1568 nach England floh. Der Hinweis Leicesters gegenüber Mortimer: **Sie war mir zugedacht seit langen Jahren, / Ihr wißt's, eh' sie die Hand dem Darnley gab, / Als noch der Glanz der Hoheit sie umlachte** (V. 1762 ff.), und die Anmerkung in Bezug auf Elisabeth: **Nachdem ich zehen bittre Jahre lang / Dem Götzen ihrer Eitelkeit geopfert [...]** (V. 1781 f.) belegen die Pointierung SCHILLERS. Maria Stuart heiratete Darnley 1565, floh drei Jahre später nach England; so bleiben noch – siehe die oben zitierten Textstellen – sieben Jahre Gefangenschaft. Die dadurch bedingte poetische ›Verjüngungskur‹ der historischen Protagonistinnen soll etwas später zur Sprache kommen. Die ›stetige Folge der Handlung‹ – so hatte SCHILLER ja die dramatische Zeit gekennzeichnet – enthält ihre spezifische Valenz jedoch vor allem durch die Intensivierung der Handlungsdichte. So spielen die inhaltlich entscheidenden Ereignisse des 2., 3. und 4. Aktes alle an einem einzigen Tag. Diese Verteilung entspricht der dramatischen Wertigkeit des dargestellten Geschehens, spiegelt gewissermaßen die thematische Zuspitzung zur Peripetie wider. So erhält die Zeitstruktur des Stückes einen ›qualitativen‹ Sinn. SCHILLER ballt ja den Geschehensablauf zwischen Verurteilung der Heldin und Vollstreckung dieses Urteils auf nur drei Tage zusammen. Die Zeit verliert ihren neutralen Rahmencharakter und gewinnt eine eigene Bedeutungsdimension.

Das Vergehen der Zeit wird so einerseits zur Bedrohung der Heldin, zu einem Wettlauf gegen die Zeit, zum andern lässt es den inhumanen Sieg der Rivalin rascher und drohender heranrücken. Die ›Zeitnot‹, die ›Zeitverfallenheit‹ Marias, die sich davor nur durch den Schritt in eine zeitlose, moralische ›Ewigkeit‹ schützen kann, wird evident. Besonders nach der Begegnungsszene (III, 4) zeigt sich die beängstigende Beschleunigung der Zeitstruktur. Der Eklat, die öffentliche Demütigung des englischen Souveräns verlangt sofortiges Handeln. **Geht! Keine Zeit ist zu verlieren** (V. 2652), fordert Burleigh und leitet damit die handlungsintensiven Phasen der letzten Rettungsversuche wie die der Jagd nach der Unterschrift unter das Todesurteil ein. So spiegelt die Teilung der Zeitstruktur vor und nach der Peripetie die strukturelle, thematische und personale Antithetik des Stückes wider. Nach der Peripetie setzt die Beschleunigung der ›stetigen Folge der

Handlung‹ durch immer kürzer werdende Sukzession der Geschehenselemente ein.

Die Zeitgestaltung leistet aber neben der symbolischen Funktion noch etwas anderes. Die Beschleunigung bzw. Retardation des tragischen Geschehens durch Häufung bzw. Verdünnung der Handlungseinheiten – man vergleiche etwa die Szenen des 1. Aktes mit der ›Streitszene‹ – macht es SCHILLER möglich, Leser oder Zuschauer zwischen reflektierender Ruhe und rastloser Handlungsdynamik einzuspannen, und so kann dieser das Wechselbad des ›tragischen Vergnügens‹ genießen und seine ästhetische Freiheit bewahren. Überall da, wo den Figuren ›Zeitvergessenheit‹ in Form einer ›bewusstlosen Gegenwart‹ gewährt wird, kündigt sich die Utopie der ›Idylle‹ an. Doch davon später mehr.

Auch die Gestaltung des Raums dient der symbolischen Organisation des dramatischen Konflikts. In der Tragödie des französischen Klassizismus spiegelte das Gesetz der drei Einheiten die reale Bühnen- und Aufführungspraxis wider. Dramatischer Raum und realer Zuschauerraum waren im Vollzug der gesellschaftlichen Repräsentation teils identisch, teils integriert. Erst die sich im Verlauf des 18. Jahrhunderts vollziehende Trennung von Bühne und Zuschauerraum, das Loslösen des theatralischen Geschehens vom realen Rezeptionsort und die damit verbundene ›Illusionierung‹ ermöglichten die ›symbolische‹ Interpretation des Bühnenraumes. SCHILLER nutzt diese Möglichkeiten der räumlichen Semantik. Im Drama des Klassizismus ist der Raum in der Regel **qualitätsloser, unselbständiger Rahmen.**[67] Die thematische Grundstruktur, der konfliktträchtige Antagonismus politisch-humaner Handlungsmodelle, personifiziert in den beiden Königinnen, wird dagegen von SCHILLER geradezu geometrisch exakt verräumlicht. Der gesamte 1. Akt und die meisten Auftritte des letzten Aktes spielen in Fotheringhay, im ›Gefängnis‹ Marias. Sie umrahmen den 2. und 4. Akt, dessen Schauplätze beide Male im Palast zu Westminster angesiedelt sind. Das dramatische und räumlich-symbolische Zentrum aber stellt der Park von Fotheringhay dar, dessen Semantik SCHILLER im Nebentext zu Beginn des 3. Aktes (S. 68) andeutet: **Gegend in einem Park. Vorn mit Bäumen besetzt, hinten eine weite Aussicht.** Verwunderlich schon der unbestimmte verallgemeinernde Artikel, der die geografische Lokalisation – Maria befindet sich ja in Fotheringhay – zugunsten eines utopischen ›locus amoenus‹ aufgibt. Hoffnung suggerierend, doch gerade im 3. Akt in die tragische Ironie des Geschehens hineingezogen, wirkt die ›weite Aussicht‹, die im Verlauf des Geschehens des 3. Aktes in ihrer symbolischen Bedeutung zunichte gemacht wird.

Dem politischen wie personalen Gegensatz entsprechen also die den Personen zugeteilten Räumlichkeiten: Palast und Gefängnis. Politische Macht und persönliche Ohnmacht, höfische Öffentlichkeit und arkane

›Menschlichkeit‹ kontrastieren auch räumlich miteinander. Nur der letzte Akt umfasst beide ›Orte‹ und löst den ›räumlich‹ formulierten Antagonismus dialektisch auf. Am Ort ihrer ›höfisch-politischen‹ Triumphe steht eine vereinsamte und damit einer bestätigenden oder kritisierenden Öffentlichkeit beraubte englische Königin **mit ruhiger Fassung da.**[68] Auf der anderen Seite wird der Ort von Marias Erniedrigung und Vereinsamung – **Die Szene ist das Zimmer des ersten Aufzugs**[69] vom Autor zum Ort des moralisch-sittlichen Triumphs Marias umfunktioniert und zum Schauplatz der poetischen Korrektur zugunsten der ›wahren‹ Machtverhältnisse. Dem entspricht als Kontrast der gleichsam vor aller Augen sich vollziehende, durch die Öffentlichkeit sich legitimierende Tod der Heldin.

Durch die parallel geführte Raumstruktur des Dramas, durch die Wahl identischer Orte am Beginn und am Ende der Handlung, wird die Wandlung beider Königinnen ästhetisch besonders auffällig realisiert. Der Ort des Gefängnisses, zunächst als Ort der Gesellschaftsferne und der politischen und rechtlichen Machtlosigkeit eingeführt, erweist sich als der Ort der moralisch-humanen Freiheit. Umgekehrt zeigt der Ort höfisch-gesellschaftlicher Macht sich als der Ort individueller und gesellschaftlicher Deformation – man registriere nur die freiwilligen oder erzwungenen Ortswechsel der Vasallen Elisabeths. Die Welt des Hofes wird von SCHILLER so als Gegenbild einer humanen Gesellschaft porträtiert. Der ›Hof‹ ist der Raum menschlicher Uneigentlichkeit, ein Ort äußerster moralischer Heteronomie, an dem der Mensch nur Mittel zum Zweck ist. Wir werden bei der Charakterisierung der Figuren näher darauf eingehen. Zunächst jedoch erscheint die Welt des Hofes als ein Ort des Glanzes, der Festlichkeit, der repräsentativen Öffentlichkeit, Gegenpol zur Welt Marias. Durch Elisabeths mögliche Heirat am Beginn des 2. Aktes scheint eine Versöhnung individueller Wünsche und öffentlicher Rolle möglich. Doch bald enthüllt sich dies als Schein, als strategischer Schachzug im Dienst der politischen Macht. Selbst für Englands höchste Repräsentantin ist das höfische Leben eine Form menschlicher Denaturierung. Das gilt noch deutlicher für die weniger Mächtigen, deren private Wünsche sich nur nach Maßgabe höfischen Nutzens realisieren können. **Höre Mortimer! / Es ist ein schlüpfrig glatter Grund, auf den / Du dich begeben** warnt Paulet Mortimer (V. 1663 ff.).

Die deutlichste Charakterisierung des ›Hofes‹ als eines symbolischen Ortes menschlicher Entfremdung leisten die Dialoge Leicesters und Mortimers, die höfisches und ›natürliches‹ Verhaltensmodell und die jeweiligen Defizite deutlich repräsentieren. **Wie kleine Schritte / Geht ein so großer Lord an diesem Hof! / Graf, Ich beklag Euch!**, spottet Mortimer (V. 1753 ff.), und wenig später ängstigt sich Leicester: **Kennt Ihr diesen Boden? / Wißt Ihr, wie's steht an diesem Hof [...]** (V. 1932 f.). Neben den zahlreichen expressis verbis geäußerten Kommentaren zum Hofleben stehen die Taten und Unterlassungen der höfischen Akteure. Eine Königin und ein Staatsminister als Anstifter zum Mord lassen dies deutlich genug werden. SCHILLER hatte ja bereits in seinen frühen Dramen das Hofleben gegeißelt und sich damit in die damals übliche Hofkritik der aufklärerischen Autoren eingereiht. Im Zentrum dieser z. T. zynisch-satirischen Kritik stand der Angriff auf die Welt des höfischen, unnatürlichen und scheinhaften Lebens, dem die Einfachheit und Harmonie des privaten, bürgerlich-familiären Bereichs gegenübergestellt wurde. Auf ethischer Ebene kontrastierten die höfisch-feudale Moral und die Welt der bürgerlichen Tugendnormen. Seit *DON CARLOS* beginnt SCHILLER sich aus dieser Antithetik zu lösen. Nicht mehr der ideologische und schon topisch gewordene Gegensatz zwischen höfischem und bürgerlich-privatem Leben, sondern die Möglichkeit oder Unmöglichkeit einer private und öffentliche Interessen versöhnenden Gesellschaftsform wird dramatisch diskutiert. Das höfische Leben wird immanent kritisiert und an der Norm des eigentlichen, humanen Lebens gemessen. Dies aber realisiert sich in der Totalität menschlichen Handelns, in der Versöhnung öffentlicher und privater Interessen. Dadurch, dass SCHILLER auf den üblichen Gegensatz zwischen Hof und bürgerlicher Sphäre verzichtet, erweitert er den höfischen Raum zum allgemeinen politischen, öffentlich diskutierbaren Handlungsraum. Das dramatische Geschehen spielt sich überwiegend im politisch-öffentlichen Raum ab und vermeidet so die in SCHILLERS vorrevolutionären Dramen übliche **Gegenläufigkeit des Politischen und Menschlichen.**[70] Beide Bereiche werden als prinzipiell integrierbar dargestellt. Auf diese Weise kritisiert SCHILLER immanent die im bürgerlichen Trauerspiel schon immer gleichsam als natürlich vorausgesetzte Trennung von privater und öffentlicher Sphäre. Die Hinwendung zu klassizistischen Formenmerkmalen, zum Theater der ›Staatsaktion‹, garantiert die Öffentlichkeit des Privaten und macht noch im Scheitern die mögliche Identität beider kenntlich. Trieb und Vernunft, Individuum und Gesellschaft scheinen so wenigstens prinzipiell versöhnbar. Wo beide Sphären auseinander treten, herrscht menschliche Entfremdung. Aus dieser Perspektive erweist sich die pragmatisch orientierte Politik am Hof Elisabeths und damit stellvertretend diese Form spätabsolutistischer Herrschaft aufgrund ihrer inhumanen Ethik als politisch defizientes Handlungsmodell.

3.3.3 Handlung

Neben dem Aufbau transportiert vor allem die Architektonik der Handlungsstruktur die politischen und ästhetischen Intentionen des Schiller'schen Dramas. SCHILLER hat dementsprechend – wirkungsästhetisch höchst bewusst – die dramatische Fabel einer systematischen und komplexen Affektregie unterworfen. Zwei einander ergänzende dramaturgische Grundregeln sollen – entsprechend seiner Tragödientheorie – den Aufbau der dramatischen Fabel bestimmen: **Das erste Gesetz der tragischen Kunst war Darstellung der leidenden Natur. Das zweite ist Darstellung des moralischen Widerstandes gegen das Leiden.**[71]

Die Dialektik von Leid und Überwindung des Leides bildet die paradigmatische Grundstruktur der Tragödie und ermöglicht wirkungsästhetisch jenes von SCHILLER bereits in seiner Schrift *ÜBER DEN GRUND DES VERGNÜGENS AN TRAGISCHEN GEGENSTÄNDEN* (1792) postulierte Ziel aller dramatischen Gestaltung: Die Erfahrung der Freiheit des Menschen im ›Spiel‹, in der Kunst, die in der Realität nicht oder nur bedingt möglich erscheint. Bei der Erörterung der Frage, worin die Funktion der Kunst bestehe und mit welchen Mitteln sie ihr Ziel erreichen könne, trennt sich SCHILLER deutlich von den ästhetisch-ethischen Maximen der Aufklärungsästhetik: **Nur indem sie [die Kunst] ihre *höchst* ästhetische Wirkung erfüllt, wird sie einen wohltätigen Einfluß auf die Sittlichkeit haben; aber nur indem sie ihre völlige Freiheit ausübt, kann sie ihre höchste ästhetische Wirkung erfüllen.**[72]

Die Tragödie muss also, um die von SCHILLER gewünschte Wirkung zu erzielen, auf jede nur mögliche Art den Helden in seinem Leiden darstellen, ohne freilich das Leid des Protagonisten zum Selbstzweck werden zu lassen.

Das *Sinnenwesen* muß tief und heftig *leiden*. Pathos muß dasein, damit das Vernunftwesen seine Unabhängigkeit kundtun und sich handelnd darstellen könne.[73]

Damit lehnt SCHILLER implizit die Deklamationsrhetorik der ›tragédie classique‹ wie auch die gefühlszentrierte Ästhetik des Sturm und Drang ab.

Enger auf die Handlung des Dramas bezogen hatte SCHILLER am 11. Juni 1799 sein Drama – deutlich aristotelisierend – charakterisiert: **Die Handlung ist in einem tatvollen Moment konzentriert und muß zwischen Furcht und Hoffnung rasch zum Ende eilen.**

Nach SCHILLERS Meinung ist das von Aristoteles geforderte tragische Mitleid durch die Darstellung des Leidens bewirkt, während die tragische Furcht von der Erwartung des Adressaten abhängt. Im analytischen Dramentypus, als dessen Muster der *KÖNIG ÖDIPUS* des SOPHOKLES galt und gilt, sieht SCHILLER die Form der ›tragischen Analysis‹ und ihre ›Furcht erregende‹ Leistung exemplarisch verwirklicht. In einem Brief an GOETHE vom 2. Oktober 1797 beschreibt er die Struktur der ›tragischen Analysis‹: **Alles ist schon da, und es wird nur herausgewickelt.** Der Affekt aber der tragischen Furcht bemisst sich nach folgendem Kriterium: **daß das Gesche-**

hene, als unabänderlich, seiner Natur nach viel fürchterlicher ist, und die Furcht, daß etwas *geschehen* sein möchte, das Gemüt ganz anders affiziert als die Furcht, daß etwas geschehen möchte.

SCHILLERS Tragödienkonzept findet in *MARIA STUART* seine geradezu exemplarische Verwirklichung: Durch die Wahl des analytischen Dramentypus, mithilfe der dadurch möglichen Erregung tragischer Erwartungsfurcht, durch die Darstellung des Leidens als Mitleid erregendes Moment und schließlich durch die stilisierteste Poetisierung des historischen Stoffes.

Demgemäß wird die Struktur der Fabel von den wirkungsästhetischen Techniken bestimmt, die das gesamte Geschehen im Sinne tragischer Ironie transformieren:

> **Das kontrapunktische Gegen- und Miteinander retardierender und beschleunigender Momente bewirkt die affektive Spannung – zwischen den Polen Furcht und Hoffnung – im Zuschauer. Die tragische Ironie des Dramas liegt nun darin, daß das Retardierende zum Beschleunigenden wird, die Momente größter Hoffnung [...] wie im *KÖNIG ÖDIPUS* jäh in Furcht umschlagen, den Untergang Marias beschleunigen.[74]**

Die Schiller'sche Technik der tragischen Analysis soll nun durch eine Beschreibung der Handlungsstruktur demonstriert werden.

Die wirkungsästhetische Bewusstheit zeigt sich bereits in der als ›musterhaft‹ geltenden Exposition. Der erste Auftritt lässt das Maria bevorstehende Maß an Erniedrigung erahnen. Im gewaltsamen Aufbrechen des Schrankes durch ihre Kerkermeister Paulet und Drury, im Eindringen in die **Geheimnisse der Lady** (V. 9), im symbolisch dargestellten drohenden Verlust auch der personalen Intimität und Identität der Heldin beginnt der bis zur Peripetie sich steigernde Versuch, das ›Sinnenwesen‹ leiden zu lassen. **O schimpfliche Gewalt, die wir erleiden!** (V. 21), schließt Hanna Kennedy kommentierend den ersten Handlungsteil des Auftritts ab. Der Verlust des Schmuckes (**Ein königliches Stirnband, reich an Steinen, / Durchzogen mit den Lilien von Frankreich!** [V. 18 f.]), die **kahlen Wände** (V. 30) des Kerkers signalisieren die reduzierte Fallhöhe, die Degradierung ihrer öffentlichen, politischen Rolle.

Der Entzug von Schmuck, Spiegel und Laute (**Des Lebens kleine Zierden** [V. 54]) – Symbole einer ästhetischen Lebensform – zeigt die Bedrohung ihrer privaten Existenz. Gleichzeitig ist damit ein Hauptmotiv der Tragödie, die Entfremdung von politischer und privater Rolle, die Unversöhnbarkeit von sozialer und individueller Existenz, später vor allem bei Elisabeth die Diskrepanz von weiblicher Natur und öffentlicher Aufgabe angedeutet. Der Verlust menschlicher Totalität und damit von Humanität in der historischen Realität kündigt sich an, aber auch die ›erhabene‹ Lösung des Konflikts: **In *großes* Unglück lehrt ein edles Herz / Sich endlich finden** [...] (V. 52 f.).

Der letzte Abschnitt des ersten Auftritts schließlich ordnet die generelle humane Problematik den konkreten historisch-politischen Daten zu und garantiert die ›Öffentlichkeit‹ des dramatischen Konflikts. **Die Fackel des Bürgerkriegs** (V. 65 f.), **die verfluchte Tat des Königsmords** (V. 71), Norfolks Rebellion (V. 73), die drohende Rebellion zu Marias Gunsten (V. 79 f.) werden als wichtigste innenpolitische Vorkommnisse von Paulet ins Treffen geführt. Der Mordverdacht gegenüber Maria (V. 98 ff.), der religiös-politische Gegensatz zwischen Frankreich und England (V. 101 ff.), der fortdauernde Anspruch Marias auf den englischen Thron (V. 106 ff.) und die noch aus dem Kerker fortgesetzten politischen Intrigen vervollständigen das notwendige Kontextwissen. Aus Kennedys Mund hören wir die politische (**wider Völkerrecht und Königswürde** [V. 90]) und private (V. 92 ff.) Gegenposition. So erfahren wir bereits im ersten Abschnitt, dem Typus des ›klassischen‹ und analytischen Dramas entsprechend, wesentliche Daten der Konfliktsituation, der Vorgeschichte, und machen in einem Streitgespräch von z. T. stichomythischer Kürze erste Bekanntschaft mit dem Charakter der Dramenheldin und ihrer ›leidenden Natur‹. Zugleich ermöglicht SCHILLER dem Zuschauer bzw. Leser die Perspektive des Richters oder Geschworenen, da er die Protagonistin, bevor sie am Beginn des zweiten Auftritts selbst zu Wort kommt, nur aus dem Blickwinkel parteiischer Beobachter zeigt. Dadurch aber gerät jede Information zum Belastungs- bzw. Entlastungsmaterial für die Heldin. Der Zuschauer ist gefordert – darin artikuliert sich am deutlichsten die Wirkungsintention des analytischen Dramentypus –, seine Wertdispositionen kritisch zu hinterfragen und so das historisch-politische Geschehen einer Revision zu unterziehen.

Der zweite Auftritt leitet die Haupthandlung ein. Entgegen der von Kennedy geweckten Erwartung betritt eine gefasste, trotz ihres physischen Leids sittlich nicht zu erniedrigende Königin den Raum (V. 154 ff.). Paulet wird zum nur noch Reagierenden degradiert, der die königlichen Stichworte empfängt. Das entscheidende Handlungsmoment, die Frage nach der Verurteilung, wird nicht explizit beantwortet, sodass der Zuschauer/Leser und auch die Protagonistin nicht wissen, was **zu fürchten, was zu hoffen** (V. 231) ist. Maria ›zitiert‹ hier bezeichnenderweise aus ihrer Sicht SCHILLERS Forderung an die dramatische Handlung, ›zwischen Furcht und Hoffnung‹ zu Ende zu eilen. Die Dialektik der Handlungsstruktur, die Poetisierung des historischen Stoffes im Dienst der tragischen Logik findet ihre erste deutliche Verkörperung in der Erfindung Mortimers. Dieser verlangsamt scheinbar die Präzipitation der Handlung, in Wirklichkeit aber dient er als Instrument tragischer Ironie. Mit seiner Einführung im dritten

Auftritt wird gleichzeitig das Motiv von Sein und Schein der höfischen Welt sichtbar gemacht, was die indirekte Charakteristik durch Paulet zunächst nur ahnen lässt. Welche wichtige Bedeutung im Rahmen der Exposition SCHILLER Mortimer beimisst, wird allein schon aus der Tatsache kenntlich, dass er den gesamten umfangreichen sechsten Auftritt beherrscht. Doch auch vor dessen ›großem‹ Auftritt hat SCHILLER seiner zwischen ›Furcht und Hoffnung‹ lavierenden Affektregie Raum gelassen. Im vierten Auftritt erleben wir eine **mutlose** (V. 268), melancholische Maria Stuart. Der Jahrestag der Ermordung Darnleys, des zweiten Gatten der Maria Stuart, gibt Anlass die Vorgeschichte von Marias privater Schuld zu referieren. Bezeichnenderweise geschieht dies durch Kennedy, die, zwischen Anklage und Verteidigung schwankend (V. 322), den Schuldvorwurf des englischen Parlaments, eines **anmaßlichen Gerichtshof**[s] (V. 377), zurückweist und somit die entscheidende Dimension des dramatischen Konflikts, Marias Unschuld im Sinne der Anklage, explizit benennt.

Unmittelbar nach dieser retardierenden Vorgeschichte erscheint Mortimer als Retter und Todesbote zugleich. Er provoziert im Zuschauer wie in der Protagonistin die Hoffnung auf **Hilfe und Errettung** (V. 398). Doch auch hier unterbricht SCHILLER im Dienst seiner tragischen Affektlogik die Präzipitation der Handlung, um den politisch-religiösen Kontext durch den Gegensatz von englischem dumpfem, lebensfeindlichem Puritanismus und heiterem, ästhetisch-sinnlichem Katholizismus zu kolorieren. Gleichzeitig deutet die seelische Befreiung Mortimers auf die physische oder innere Befreiung Marias voraus, die sich **elend und gefangen** (V. 453) sieht. **Auch *ich* war's, Königin! und mein Gefängnis / Sprang auf, und frei auf einmal fühlte sich / Der Geist, des Lebens schönen Tag begrüßend.** (V. 454 ff.). Doch in Mortimers sinnlich-religiöse Liebessuada, die breit und retardierend den Handlungsablauf hemmt, bricht, jede Hoffnung zerstörend, **das Schreckliche** (V. 576) ein. Das ›erregende Moment‹, die Verurteilung Marias zum Tode, beherrscht von nun an vollständig die Handlungslogik des Dramas (V. 578 ff.). Der Handlungsspielraum der Dramatis personae ist von nun an so eingeengt, dass die Handlungsträger auf die sich bereits im 1. Akt abzeichnende Katastrophe nur noch reagieren können. Damit nähert sich die Schiller'sche Dramaturgie deutlich dem antiken Typus der tragischen Analysis, wie er im *ÖDIPUS* des SOPHOKLES realisiert ist. Beim Vergleich der Handlungsstruktur beider Dramen kommt Peter Pütz zu folgendem Ergebnis: **Hier wie dort zeigt das Drama nicht Handlung, sondern die Bedingung der Unmöglichkeit von Handlung.**[75] Die Unmöglichkeit ›äußeren‹ Handlungsspielraums präjudiziert und produziert die von SCHILLER favorisierte Alternative der ›inneren‹, moralischen ›Handlung‹! Gab der vierte Auftritt des 1. Aktes Gelegenheit im Rahmen der Vorgeschichte die private Schuld Marias zu rekapitulieren, so bietet uns der siebte die agonale Diskussion der öffentlichen, juristischen Schuldfrage. Affektlogisch vertieft dieser Auftritt die Ahnung der nicht aufzuhaltenden Katastrophe, nämlich der Hinrichtung einer im Sinne der Anklage unschuldigen Königin. Schon die ersten Sätze präludieren die Thematik: **Ihr wünschet heut Gewißheit Eures Schicksals, / Gewißheit bringt Euch seine Herrlichkeit / Mylord von Burleigh. Tragt sie mit Ergebung,** beginnt Paulet und Maria antwortet: **Mit Würde, hoff ich, die der Unschuld ziemt** (V. 684 ff.). Die Ambivalenz des Begriffes **Schicksal,** die emphatische Wortwiederholung **Gewißheit,** die Correctio des Begriffes **Ergebung** und die Betonung der **Unschuld** sind Vorausdeutungen des nun folgenden Dialogs, der ›Ankläger‹ und ›Verteidiger‹ noch einmal zusammenführt. Punkt für Punkt deckt Maria die Illegalität und die politisch motivierten Rechtsbrüche ihres Gegners auf: die mangelnde Zuständigkeit des Gerichts (V. 695 ff.) und der englischen Gesetze (V. 722 ff.), die durch Parteilichkeit, politische Abhängigkeit, ehrlose Vergangenheit korrumpierten Richter (V. 769 ff.). Sie entlarvt den politischen Utilitarismus Burleighs und die aufgrund ihrer religiösen und nationalistischen Vorurteile notwendig fehlende Unbefangenheit englischer Richter (V. 789 ff.). Sie weist den Kernpunkt der Anklage, den Vorwurf der Anstiftung zum Bürgerkrieg (V. 841 f.), zurück, enthüllt die parteiische Verklammerung von Legislative und Judikative bei der rechtswidrigen Formulierung der ›Lex Stuart‹ (V. 855 ff.), macht die durch Folter erzwungenen Meineide der Hauptbelastungszeugen deutlich (V. 887) und deckt – sekundiert von Paulet – den offenen Rechtsbruch des englischen Gerichts auf, das sich weigert, sie den falschen Zeugen gegenüberzustellen. Schließlich macht sie angesichts der massiven Verletzung völkerrechtlicher Prinzipien ihr Recht auf Notwehr geltend und enthüllt den formaljuristischen Schein als Akt politischer Gewalt: **Denn nicht vom Rechte, von Gewalt allein / Ist zwischen mir und Engelland die Rede** (V. 957 f.). Die Häufung der überzeugenden und plausiblen Argumente Marias kontrastiert affektiv wirkungsvoll mit dem ergangenen Todesurteil. Der Zuschauer sieht sich weiterhin in die Furcht-Hoffnung-Dialektik Schiller'scher Regie eingespannt. Schließlich macht der letzte Auftritt des 1. Aktes die Bedrohung der Heldin und ihre im Grunde genommen ausweglose Lage überdeutlich. Die Gefahr, die sie für England darstellt, legitimiert von Burleighs Seite aus nicht nur jede Form der Rechtsbeugung (V. 990 ff.), sondern sogar ein kriminelles Vorgehen (V. 1039 ff.).

So bleibt dem Zuschauer angesichts eines eher niederdrückenden, Leiden und Hoffnungslosigkeit artikulierenden Geschehens die vage Hoffnung auf die Intervention des Mannes, der Elisabeth umstimmen könnte, des Grafen Leicester. In Bezug auf die von SCHILLER theoretisch eingeforderte Handlungsregie stellt die Exposition bereits das Drama im Kern dar. Alle die tragische Analysis strukturierenden Elemente (s. o.) sind vorhanden, der Zuschauer ist den aristotelischen Wirkungsprinzipien eines affektiven Wechselbades zwischen Furcht und Hoffnung ausgesetzt.

Doch die tragische Handlungslogik beherrscht und strukturiert den gesamten Handlungsaufbau des Dramas.

Der 2. Akt, der mit verdeckter Handlung, dem Botenbericht Kents über die vergebliche Belagerung der ›Minneburg‹, beginnt, kontrastiert mit einem erbarmungslosen ›Parallelismus‹ die Zukunft beider Königinnen: ***Sie* geht / Ins Brautgemach, die Stuart geht zum Tode** (V. 1113 f.). Auch der zweite Auftritt unterstreicht in motivischer Antithese die Aussichtslosigkeit von Marias Schicksal. Die in Glanz und Herrlichkeit gezeigte Elisabeth lässt sich auch in diesem Augenblick höchsten privaten und politischen Triumphs nicht erweichen, auch nur das Gnadengesuch Aubespines anzuhören (V. 1232 ff.). Die Motivreihe, die Marias Untergang thematisiert, weitet sich zu einer neuen grundsätzlichen Diskussion um Marias zukünftiges Schicksal aus. Burleigh formuliert im Gegensatz zum 1. Akt, in dem er seine Rechtsbeugungen formaljuristisch zu legitimieren versuchte, nun den eigentlichen, politischen Grund, der eine Hinrichtung Marias im Sinne eines stattlichen Utilitarismus nötig macht: **Kein Friede ist mit ihr und ihrem Stamm! / Du mußt den Streich erleiden oder führen. / Ihr Leben ist dein Tod! Ihr Tod dein Leben!** (V. 1292 ff.). Auch Leicester, der je nach Ort seine Ansicht wechselt (V. 1438 ff.), vertritt den Standpunkt des politischen Utilitaristen: **Hier ist nicht / Die Rede von dem Recht, nur von dem Vorteil** (V. 1440 f.). Strukturell, und damit semantisch bedeutungsvoll, erhält einerseits Leicester das letzte Wort bei der Beratung der Königin – die Hoffnung des Zuschauers kann wieder aufleben –, andererseits ›kreisen‹ Burleighs und Leicesters Vorschläge diejenigen Talbots ein, der dezidiert den Rechtsbruch benennt (V. 1315) und die Gerechtigkeit einer utopisch-humanen Gesellschaft zum Kriterium der Entscheidung machen will.

Die tödliche Logik der Furcht-Hoffnung-Dialektik bzw. der tragischen Ironie setzt sich in den folgenden Auftritten fort. Einerseits gibt das Verhalten Elisabeths – sie hat eben den Brief Marias und deren Bitte um eine Unterredung mit scheinbarer persönlicher Betroffenheit zur Kenntnis genommen – Anlass für ein wenig Hoffnung: **O Königin! Dein Herz hat Gott gerührt, / Gehorche dieser himmlischen Bewegung!** (V. 1543 f.), ruft Talbot aus, andererseits wird ihr Anflug humanen Verhaltens und ihre so genannte Tugendhaftigkeit im Gespräch mit Mortimer (fünfter Auftritt) als bare Heuchelei entlarvt: **Ihr kennt die Welt nicht, Ritter. Was man *scheint*, / Hat jedermann zum Richter; was man *ist*, hat keinen** (V. 1601 f.).

Die beiden folgenden Auftritte – der große Liebesmonolog Mortimers und die Diskussion Mortimers und Paulets über die Scheinwelt des Hofes und den vermuteten Mordauftrag – leiten nun zu jenem Handlungsteil über, der am deutlichsten das Strukturprinzip der tragischen Ironie deutlich werden lässt: zur Leicester-Handlung. II, 8 führt Mortimer und Leicester in der Welt höfischen Scheins zusammen, in der jeder befürchten muss Betrüger und Betrogener zugleich zu sein (V. 1701 ff.). Nach ausführlicher Exposition von Leicesters Charakter offenbart Mortimer seinen Plan zur gewaltsamen Befreiung (V. 1847 f.), während Leicester mit List auf eine Begegnung beider Königinnen drängt, in der Hoffnung, dass diese Begegnung den Vollzug des Urteils hindert: **Vielleicht, daß ich durch List sie überrede, / Das Angesicht der Gegnerin zu sehn, / Und dieser Schritt muß ihr die Hände binden** (V. 1902 ff.). Sowohl die **kühne Tat** (V. 1913) Mortimers als auch der zögerliche Versuch Leicesters (V. 1939) sind retardierende Momente in der Handlungsstruktur, die die Präzipitation des Geschehens aufzuhalten scheinen, die aber in Wirklichkeit die ›steigende‹ Handlung des 2. Aktes rasch auf die Peripetie hintreiben und die Handlung unaufhaltsam beschleunigen. Der abschließende Auftritt des 2. Aktes führt Leicester und Elisabeth zusammen. Der Klage Leicesters über den **drohenden Verlust** (V. 1953) der Geliebten antwortet, in fast schon monologischer Reflexion, Elisabeths Darstellung der Unversöhnbarkeit von privatem Glück und öffentlicher Rolle, von Pflicht und Neigung, personifiziert im Charakter beider Protagonistinnen (V. 1970 ff.). Die gekränkte Weiblichkeit Elisabeths macht sie anfällig für die Schmeicheleien Leicesters und so willigt sie, wenn auch schwankend, täuschend und getäuscht, schließlich in eine Begegnung mit Maria und damit in den femininen Konkurrenzkampf ein. Mit dieser poetischen Umdeutung der historischen Wirklichkeit – eine Begegnung beider Königinnen hat nie stattgefunden – ist der handlungslogische und wirkungsästhetische Höhepunkt des Dramas, die Peripetie, erreicht, Hoffnung und Furcht halten sich die Waage.

Der 3. Akt stellt den Typus des klassischen Dramas in nuce dar. Drei einleitende Szenen führen zur Binnenperipetie des Aktes, zum Aufeinandertreffen beider Königinnen (III, 4). Die folgenden Auftritte (III, 6–8) beschleunigen – nach kurzer Retardation (III, 5) – Marias Fall in Richtung Katastrophe. Schauen wir uns die Handlungslogik und Affektregie im Einzelnen an. Der erste Auftritt signalisiert bereits durch seine formale Besonderheit – Marias Lyrismen, einen utopischen ›locus amoenus‹ beschreibend, kontrastieren mit dem prosaischen Realismus Kennedys – seine Ausnahmestellung. Die dramatische Handlung steht still, die Hoffnung des Zuschauers erreicht ihren Höhepunkt.

Sprachlich und bildlich beherrscht das Freiheitsmotiv die Szenerie

(V. 2076, 2082, 2089, 2092, 2103, 2106, 2131). Die Kette dieser Freiheitsbegriffe allerdings schließt das Todesmotiv (**ew'ge Freiheit** [V. 2133]) unheilvoll ab. Die aus Marias Perspektive Rettung verheißende ›Befreiung‹ hält die Präzipitation der Handlung nur kurz auf. Paulets Ankündigung der königlichen und weiblichen Rivalin sowie Shrewsburys Ratschläge zur strategischen Gesprächsführung an die nur noch **blut'gen Haß** (V. 2185) verspürende Maria bereiten die eigentliche Peripetie, das Gespräch Elisabeth–Maria, vor (III, 4). Dass diese erfundene Begegnung nach SCHILLERS Meinung eine besondere Funktion im Plot des Dramas haben sollte, belegen die Äußerungen des bereits zitierten Briefs an GOETHE vom 3. September 1799. Diese Szene sei **moralisch unmöglich** und die Frage, diese Szene betreffend, **gehe die Poesie überhaupt an.**

H. Stefan Schultz hat in einem Aufsatz den Begriff des Moralischen mit überzeugenden sprachgeschichtlichen Argumenten geklärt: **›Moralisch unmöglich‹ heißt also bei SCHILLER nichts anderes als ›höchst unwahrscheinlich‹.**[76] Mit ›unwahrscheinlich‹ scheint die Abweichung von den Gepflogenheiten und Konventionen des französischen klassischen Dramas gemeint zu sein. SCHILLER aber war nichts Geringeres gelungen, als die poetische Gestaltung eines historisch nicht legitimierten Handlungsmoments, das die öffentliche und private Rolle seiner Heldinnen ganz im Gegensatz zur Erwartung der ›tragédie classique‹ vermenschlichte und damit die Einheit möglich, ihr Auseinanderfallen kritisierbar machte.

Die Anerkennung des Privaten, das Wissen um Triebunterdrückung und Gewalt, die Analyse von Triebdynamik und moralischer Bewältigung kritisieren implizit das Menschenbild der klassizistischen Tragödie und deren zu repräsentativen Figuren verkommene Helden. Nicht umsonst beruft sich die erniedrigte Maria zur Klärung ihrer ›Taten‹ auf ihre menschliche Natur: **Ich habe menschlich, jugendlich gefehlt** [...] (V. 2421). Diese Worte spricht sie laut Regiebemerkung **von Zorn glühend, doch mit einer edlen Würde.** Die Verbindung von ›Zorn‹ und ›Würde‹ wäre im klassizistischen Drama nicht denkbar. Die Synthese von privater und öffentlicher, repräsentativer Rolle, die ›Humanisierung‹ des klassizistischen Helden ist nun möglich geworden.

Die eigentliche Begegnungsszene (III, 4) stellt den Höhepunkt der an der Hoffnung-Furcht-Dialektik und am Grundgesetz der tragischen Analysis orientierten Handlungsstruktur dar. Zum einen wird Maria am deutlichsten im Verlauf des gesamten Dramas als physisch Leidende präsentiert und zugleich als eine Heldin exponiert, die dieses Leid auch angesichts des drohenden Todes durch Handeln, durch Aktion relativiert. Dieses Handeln trägt, wenn es auch noch nicht die höchste Form sittlich-moralischer Autonomie repräsentiert, die ersten Anzeichen autonomer Handlung und damit des Prinzips des Sittlichen schlechthin: der Freiheit! Das Verhältnis von Sinnlichkeit und Sittlichkeit beginnt sich zugunsten Letzterer zu verschieben. Der ›Darstellung der leidenden Natur‹ wird affektiv höchst wirksam die Darstellung des beginnenden ›moralischen Widerstandes gegen das Leiden‹ entgegengesetzt.

Entsprechend an wirkungsästhetischen Kategorien orientiert zeigt sich das ›königliche‹ Streitgespräch: Die Einleitung zum eigentlichen Gespräch, das für Maria Rettung und Freiheit bringen soll, wird vornehmlich von Elisabeth bestritten (V. 2225 ff.). Elisabeths Scheinfrage nach dem Aufenthaltsort, die prononcierte Betonung ihres Gottkönigtums (V. 2229), die unechte Redseligkeit der Königin kontrastiert SCHILLER mit der gestisch-wortlosen Aktion Marias, die sich quasi infantil regredierend in die Arme ihrer Amme wirft. Die Zuschauerlenkung des Autors, seine Perspektivierung werden am deutlichsten in der Bemerkung Marias, die dem Blickkontakt beider folgt: **O Gott, aus diesen Zügen spricht kein Herz!** (V. 2232). Mit dieser durch kein anderes Textsignal korrigierten Antipathiezuweisung erreicht SCHILLER zweierlei. Zum einen regt er den Zuschauer zur emotionalen Identifikation mit der Heldin an – Voraussetzung der angestrebten ästhetischen Wirkung auf den Zuschauer –, zum anderen nötigt er ihn, die Stellungnahmen des Dialogs aus der Sicht Marias zu deuten. Argumentative und affektive Perspektivierung zugunsten Marias ist damit präjudiziert. Deswegen ist auch der negative Ausgang des Gesprächs im Grund mit der oben zitierten Äußerung Marias gesetzt. Die nun folgende Auseinandersetzung löst den bereits tragisch geknüpften Knoten nur noch in Richtung Katastrophe auf. Der erste Gesprächsabschnitt dokumentiert die Räumung sämtlicher politischer Ansprüche und Rechtspositionen Marias, beginnend mit dem Akt des Kniefalls (V. 2250 ff.) und endend mit der Verzichtserklärung Marias auf Englands Thron (V. 2379). Dazwischen vollzieht sich in einer Art Klimax die politische Degradierung der schottischen Königin. Die Gleichheit vor Gott (V. 2250 ff.), die Gleichheit der Herkunft, signifiziert durch den Ausdruck ›Schwester‹, die Gleichheit vor dem Schicksal (V. 2266 ff.), das erlittene illegale Unrecht und seine Uminterpretation durch Maria (V. 2307), das Ausklammern der Schuldfrage und die Akzeptierung zwingender Umstände (V. 2309 ff.) bündeln noch einmal die zentralen politischen, religiösen und menschlich-privaten Motive des Dramas. Doch unmittelbar nach dem schon drohend vorgetragenen Versöhnungsangebot und der äußersten Erniedrigung Marias (V. 2380 ff.) – der politische ›Sieg‹ Elisabeths (V. 2403) steht außer Frage – zeigt das Gespräch seine lang vorbereitete Intention: die Vernichtung der weiblichen und menschlichen Würde der Rivalin, Politik auch als Vorwand, beschädigte weibliche Identität zu rächen: **Es kostet nichts, die *allgemeine* Schönheit /**

Zu sein, als die *gemeine* sein für *alle!* (V. 2417 f.). Dieser Versuch Elisabeths, die Rivalin menschlich zu vernichten, leitet den affektiven Umschwung aufseiten Marias ein. In seiner Schrift *Über das Erhabene* hatte Schiller über das Thema Gewalt und Humanität Folgendes formuliert:

> **Ebendeswegen ist des Menschen nichts so unwürdig, als Gewalt zu erleiden, denn Gewalt hebt ihn auf. Wer sie uns antut, macht uns nichts Geringeres als die Menschheit streitig; wer sie feigerweise erleidet, wirft seine Menschheit weg.**[77]

Marias Reaktion ist Abwehr, Abwehr mit verletzender verbaler Gewalt. Eine Versöhnung wie etwa in Goethes *Iphigenie*, bei der Täter wie ›Opfer‹ durch Anwendung von Trug bzw. Gewalt ihre Humanität verlören, ist für Schiller in der historisch-politischen Welt nicht möglich. Ein **Verdirb uns, wenn du darfst** (V. 1936) oder ein **Du hast nicht oft / Zu solcher edlen Tat Gelegenheit. Versagen kannst du's nicht; gewähr es bald!** (V. 2148 f.), wie es Iphigenie von Thoas fordert und fordern kann, setzt die humanisierte Welt, an der Schiller die realhistorische misst, bereits voraus. Die Versöhnung durch das Wort, auf der Basis verallgemeinerungsfähiger Gattungsinteressen, ist (noch) nicht möglich: **Ein Wort macht alles ungeschehn. Ich warte / Darauf. O laßt mich's nicht zu lang erharren!** (V. 2395 f.). Die von Leicester als weiblicher Konkurrenzkampf inszenierte Begegnung der politischen und menschlichen Rivalinnen schlägt – Peripetie im eigentlichen Sinne – in ihr Gegenteil um.

Beabsichtigt war, durch Manipulation menschlicher, privater Eitelkeit die politisch bedingte Zwangsläufigkeit der Hinrichtung Marias zu verhindern. **Denn Gnade bringt die königliche Nähe** (V. 1527) hatte Burleigh noch befürchtet. Nun wird – tragischer Paradoxie folgend – gerade die als Rettung geplante Aktion zum Auslöser der physischen Vernichtung der Heldin, trotz der möglichen ›Lösung‹ im politischen Bereich! Folgerichtig mündet die Abwehr der menschlichen Erniedrigung in die Erneuerung des politischen und rechtlichen Anspruchs aufseiten Marias:

> **Der Thron von England ist durch einen Bastard / Entweiht, der Briten edelherzig Volk / Durch eine list'ge Gauklerin betrogen. / – Regierte Recht, so läget *Ihr* vor mir / Im Staube jetzt, denn *ich* bin Euer König.** (V. 2447 ff.)

Der von Maria ekstatisch genossene Triumph (III, 5) ist nur von kurzer Dauer. Täter und Opfer sind nun zu raschem Handeln genötigt. Das ›punctum saliens‹ der Tragödie ist erreicht. Mortimer beschreibt im Gespräch mit Maria präzise den jetzt erreichten Handlungsstand:

> **Täuschet Euch nicht mehr, / Als ob es noch wie gestern mit Euch stände! / So wie die Königin jetzt von Euch ging, / Wie dieses Gespräch sich wendete, ist alles / Verloren, jeder Gnadenweg gesperrt. / Der *Tat* bedarf's jetzt [...]** (V. 2494 ff.)

Die Präzipitation der Handlung ist unaufhaltbar geworden. Mortimers schon vorbereiteter Versuch der politischen Revolution, des gewaltsamen Umsturzes der Verhältnisse, erweist sich als ausschließlich erotisch motiviert. Die Ermordung von Menschen als Mittel auch zum erotisch-sexuellen Zweck, schließlich noch der direkte körperliche Angriff auf Maria lassen diese vor der erneuten ›Gewalt‹ fliehen: **O Hanna! Rette mich aus seinen Händen! / Wo find ich Ärmste einen Zufluchtsort? / Zu welchen Heiligen soll ich mich wenden? / Hier ist Gewalt und drinnen ist der Mord.** (V. 2594 ff.)

Unmittelbar nach diesem pathetisch reimenden Notruf muss der Zuschauer ein Wechselbad dramatischer Handlungsregie über sich ergehen lassen. Die ›Ermordung‹ Elisabeths, aus der Zuschauerperspektive zunächst dramatische Realität (III, 7) enthüllt sich als gescheiterter Mordversuch, zudem ist die Verschwörung Mortimers entdeckt (III, 8). So behält das Strukturprinzip der tragischen Ironie auch in Bezug auf Mortimers Handeln die Oberhand: **Jetzt – ja, jetzt mußt du sterben, / Dein Engel selbst bereitet deinen Fall** (V. 2634 f.). Mortimers Plan, Maria dennoch, selbst zu dem Preis des eigenen Lebens, zu retten, bietet kaum Aussicht auf Erfolg, doch hält er wenigstens rudimentär die Furcht-Hoffnung-Dialektik des Zuschauers und der Protagonistin in Bewegung: **Diese Nacht / Versprach uns Mortimer von hier wegzuführen, / Und zwischen Furcht und Hoffnung, zweifelhaft, / […] Erwartete die Königin den Morgen** (V. 3386 ff.), berichtet Kennedy dem gerade zur Hinrichtung erscheinenden Melvil. Gerade diese Stelle aber ist nicht nur für die äußere Handlungslogik relevant, sondern leitet, da der äußere ›Konflikt‹ unmittelbar zum Tode führen muss, auf den Prozess sittlicher Wandlung hin, den SCHILLER folgerichtig in Form der verdeckten Handlung bis zum Beginn des 5. Aktes in der Heldin ablaufen lässt.

Das katastrophale Ende der Unterredung beider Königinnen und das Misslingen des Attentats auf Elisabeth fordern gebieterisches Handeln. Maria, gänzlich ihrer Möglichkeiten beraubt, durch eigenes Handeln ihr Leben zu retten, ist konsequenterweise in diesem Akt szenisch nicht präsent. Das Thema des Aktes zielt nicht mehr auf die Frage ob, sondern wie das Todesurteil gegen Maria in die Tat umgesetzt werden kann. Auch dieser Akt folgt dem Gesetz der tragischen Ironie. Die beiden Personen, die als Retter Elisabeths ausersehen schienen, Leicester und Mortimer, schalten sich gegenseitig aus. Die bis zum siebenten Auftritt beschleunigte Handlung wird dann durch Elisabeths Zögern, das Todesurteil zu unterschreiben, retardiert, sodass nach Mortimers Selbstmord und Leicesters Umschwenken zu Elisabeth Marias Schicksal den tiefsten Stand der Hoffnungslosigkeit erreicht. Zunächst jedoch – der Attentäter war, wie wir im ersten Auftritt erfahren, **Franke und Papist** (V. 2646 ff.) – verkündet der getreueste Vasall Elisabeths, Lord Burleigh, die politischen Konsequenzen des misslungenen Mordversuchs: **England wird sich mit Frankreich nicht vermählen** (V. 2684). Der dritte Auftritt leitet die moralische Demontage Leicesters ein, der von Burleigh des falschen Spiels mit Elisabeth beschuldigt wird: **Ihr wart es doch, der hinter meinem Rücken / Die Königin nach Fotheringhayschloß / Zu locken wußte?** (V. 2716 ff.). Leicester und der Zuschauer – der spannungsbewusste Dramatiker entlässt seine Adressaten kaum jemals aus seiner Affektregie – leiden unter dem gleichen Wissensdefizit gegenüber Burleigh. Der sich ertappt fühlende und sich rettungslos verloren glaubende Leicester (V. 2741 ff.) wird von dem hereinstürzenden Mortimer über Burleighs ›Beweisstück‹ aufgeklärt: **Ein angefangener Brief / Der Königin an Euch – [...] Worin sie Euch auffordert, Wort zu halten, / Euch das Versprechen ihrer Hand erneuert** [...] (V. 2778 ff.). Leicesters persönliche Peripetie (**Ich bin verloren!** [V. 2784]) ist nach Mortimers Aufforderung **Errettet *Euch*, errettet *sie*** [...] (V. 2786) erreicht. Mit einem Verzweiflungsakt opfert er, um sich und sein Leben zu erhalten, den Konkurrenten und potenziellen Mitbefreier Marias, indem er ihn als Staatsverräter (V. 2795) denunziert. Dessen Selbstmord, gekoppelt mit dem wahrhaft großzügigen Versprechen, Leicester seinerseits nicht zu verraten, vollzieht sich als autonomer Akt und zugleich vorausdeutend auf den Tod Marias als quasi religiöses Opfer für eine sinnliche und himmlische **Heilige** (V. 2817 ff.). Der fünfte und sechste Auftritt zeigen uns die Wandlung Leicesters vom Retter zum Henker wider Willen. Mit Burleigh zusammen teilt er die ›Sorge‹ der Ausfertigung des tödlichen Befehls. Der Pöbel Londons, der **die Stuart aus dem Kerker mit Gewalt / Zu reißen** [...] (V. 3059 f.) und den **nur das Haupt / Der Stuart, das noch heute fällt** [...] (V. 3061 f.), beruhigen kann, und Davisons Auftritt (IV, 8), der mit dem zur Unterschrift bereiten Todesurteil kommt, steigern dramatisch die Furcht des Zuschauers vor dem raschen und blutigen Ende der schottischen Königin. Doch gerade in dieser handlungsprallen Situation wird die dramatische Sukzession unterbrochen, und für kurze Momente steht die Handlung still. Die Zweifel Elisabeths, der ›Stimme des Volkes‹ zu folgen (V. 3069 ff.), finden in den Ausführungen Shrewsburys, des nunmehr letzten Fürsprechers Marias, scheinbar neue Nahrung. Shrewsbury, der Elisabeth vor dem Attentäter errettet hat, betont die Handlungsautonomie der Königin (V. 3083 ff.), warnt vor den Folgen einer Märtyrerin Maria (V. 3114 ff.) und entwirft die negative Utopie einer nicht mehr auf Gerechtigkeit, sondern auf Furcht aufgebauten Gesellschaft (V. 3131 ff.). Burleigh, auch in dieser Szene sein schärfster Widersacher, beklagt die **unköniglichen Worte** (V. 3166) Elisabeths und malt, als höchstes Ziel gesellschaftlichen Handelns **des Volkes**

Wohlfahrt (V. 3182) postulierend, das Bild eines vom Papismus geknechteten England.

In Elisabeths großem Monolog schließlich (IV, 10) offenbart sich die privat wie politisch deformierte Persönlichkeit der Königin. Sie erweist sich als durchgehend heteronom bestimmt, Opfer einer **allgewaltige[n] Notwendigkeit** (V. 3209 f.), die sich in der **Sklaverei des Volksdiensts** (V. 3190), in ausschließlich utilitaristisch motivierter Gerechtigkeit (V. 3200 ff.) und in ihrer nur als Behinderung interpretierten Weiblichkeit artikuliert. Das zuletzt genannte Argument, das Neid und Hass auf die vermeintlich glücklichere Maria lenkt, und die Erinnerung an die erlittene Demütigung geben den Ausschlag: Sie unterschreibt das Urteil. Nun könnte die unerbittliche Handlungslogik – die von SCHILLER permanent eingesetzte Erwartungsfurcht hat nun keinen Raum mehr – dem Ende zueilen. Aber noch einmal gelingt es SCHILLER die Spannung aufzustauen. Die Instrumentalisierung Davisons, die Degradierung eines Menschen zum Zweck persönlicher Exkulpation, offenbart noch einmal die humane Deformation Elisabeths (IV, 11). Den Schlusspunkt setzt der Pragmatiker Burleigh, der das unterschriebene Urteil kassiert und somit unbewusst auch zum Erfüllungsgehilfen der königlichen Intrige wird (IV, 12).

Im letzten Akt schließlich zeigt SCHILLER nach kurzen, quasi teichoskopischen Auftritten (V, 1–5) die physisch leidende, aber ›moralisch‹ triumphierende Protagonistin bis zu ihrem Tod (V, 6–9), während, nach einem kurzen Auftritt Leicesters (V, 10), der zweite Teil des Geschehens der physisch triumphierenden, aber moralisch unterliegenden Elisabeth gehört (V, 11–15).

SCHILLER hat gerade hier die konventionelle Handlungslogik der klassischen Tragödie modifiziert. Durch die Ruhigstellung des dramatischen Handlungsnexus bereits im 4. Akt ist eine gleichsam kontemplative Schlusssequenz für den sittlichen Triumph Marias, ein Tableau eines ›erhabenen‹ Sterbens erstellt. Die letzten fünf Auftritte – durchweg Elisabeth-Szenen – sind handlungslogisch von überragender Bedeutung. Schiller lässt sein ›tragisches‹ Schauspiel nicht mit einer Apotheose Marias enden und löst auch das Geschehen nicht in die leere Transzendenz des Sittlich-Humanen auf. Am Ende des ästhetischen Revisionsprozesses steht – formal gut ›gewichtet‹ – die poetische Verurteilung utilitaristischer und damit unsittlicher Inhumanität.

Der erste Auftritt des 5. Aktes spielt – von SCHILLER expressis verbis formuliert – im gleichen Zimmer, in dem die Tragödie begann. Die räumliche Statik opponiert so der Handlungsentwicklung, die sich seither vollzogen hat, der Handlungskreis schließt sich unter geänderten Bedingungen. Am **Morgen ihres Todes** (V. 3355) beginnen gleichsam die neuen

Inthronisationsfeiern für eine jetzt im Reich der ›Sittlichkeit‹ zu krönende Königin. Die Rückerstattung des ersehnten persönlichen Besitzes – **goldne und silberne Gefäße, Spiegel, Gemälde und andere Kostbarkeiten** (genannt in der Regieanweisung am Beginn des 5. Aktes [S. 113]) symbolisiert die paradoxerweise angesichts des Todes wiedergewonnene Identität der Heldin. Zugleich erleben wir Maria umsorgt von ihrem wieder in Funktion tretenden Hofstaat, eine durch kommunikatives Miteinander und Humanität ausgezeichnete Welt und somit ein Gegenbild zur Vereinsamung Elisabeths. Die ersten Szenen tragen alle Kennzeichen einer episch-distanzierenden Regie. Am deutlichsten lässt sich dies an der Handlungslogik ablesen. SCHILLER verzichtet im Dienste einer ›Entdramatisierung‹ auf die szenische Darstellung des **fürchterlichen Wechsel[s]** (V. 3401). Rührung und Furcht sollen die ästhetische Freiheit des Zuschauers nicht beeinträchtigen. Die Worte Melvils an Kennedy sind als Teil dieser raffinierten dramaturgischen Strategie zugleich an den Zuschauer gerichtet: **Laßt uns / Einander nicht erweichen!** (V. 3363 f.). Die gleiche Funktion erfüllt der in Form der verdeckten Handlung inszenierte, epische Ruhe ausstrahlende Bericht Kennedys über Marias Zustand: **Melvil! Ihr seid im Irrtum, wenn Ihr glaubt, / Die Königin bedürfe unsers Beistands, / Um standhaft in den Tod zu gehn!** (V. 3375 ff.). Erst nach dieser Vorankündigung erhalten wir Kenntnis, und auch dies nur in Form des ›Botenberichts‹, von Marias Schwanken zwischen **Furcht und Hoffnung** (V. 3388), zwischen dem **süße[n] Trieb des Lebens** (V. 3395), den die vermeintlichen Befreier durch **vieler Hämmer Schlag** (V. 3393) auslösen, und dem Entsetzen darüber, dass diese Schläge nur die Errichtung des **Gerüst[s]** (V. 3399) ankündigen. Auch dieses ›Entsetzen‹ wird als ›unsagbares‹ nur durch die Gestik und Mimik Kennedys szenisch realisiert. Kennedys weiterer Bericht dient bereits der Vorbereitung der Hagiografie einer nunmehr – an Rettung ist nicht mehr zu denken – ›erhaben‹ gewordenen Königin.

Die folgenden Auftritte tragen – bei stillgelegter Handlung – zur Charakterisierung Marias bei. Nach erneuter Bestätigung ihrer Unschuld (V, 2), ihrer moralischen Stärke (V, 3), ihrer Frömmigkeit (V, 4) trotz des aufgeschlagenen Blutgerüsts (V, 5) erscheint sie selbst als eine andere ›Mutter Gottes‹ – Melvil ist ›unwillkürlich‹ auf die Knie gesunken –, als eine **große Königin** (V. 3487) auf dem Weg zur eigentlichen, zur **ew'gen Freiheit** (V. 3484). Nach dem Abschied von ihren Dienern und Getreuen folgt die nach katholischem Ritus dargestellte Beicht- und Abendmahlsszene (V, 7), die in epischer Breite noch einmal die Frage der Schuld Marias aufwirft, um mit der symbolischen Versöhnung von ›himmlischer‹ (= sittlicher) und ›irdischer‹ (= sinnlicher) Existenz des Menschen zu enden. Der von SCHIL-

LER in diesem Auftritt praktizierte Handlungsstillstand hat eine wichtige thematische Funktion.

Maria gesteht vor einer neuen Instanz – Melvil ist als Priester ein Stellvertreter Christi auf Erden – ihre ›Sünden‹: Ihr Getriebensein vom **neid'schen Hasse** (V. 3676 ff.), ihre **sünd'ge Liebe** zu Leicester (V. 3684 ff.) und schließlich ihre **frühe Blutschuld** (V. 3693 ff.). All diese Bekenntnisse persönlich zu verantwortender Schuld bereiten – das insistierende dreimalige Fragen Melvils nach ihrem **blut'gen Anteil / An Babingtons und Parrys Hochverrat** (V. 3713 f.) dient zum wirksamen Aufstauen der Spannung – das triumphale ›Bekenntnis‹ ihrer politisch-juristischen Unschuld vor: **Ich habe alle Fürsten aufgeboten, / Mich aus unwürd'gen Banden zu befrein, / Doch nie hab ich durch Vorsatz oder Tat / Das Leben meiner Feindin angetastet!** (V. 3727 ff.)

Nach der erfolgten Absolution und dem utopischen Ausblick auf eine paradiesisch versöhnte Existenz unterwirft SCHILLER seine Heldin und den Zuschauer einer letzten Prüfung. Die historische politische und sinnliche Wirklichkeit, in Gestalt von Burleigh und Leicester, verflüchtigt sich nicht in die poetische Utopie. Nach Entgegennahme ihrer letzten Wünsche (V, 8) geht Maria zur Hinrichtung. Doch auch hier wird die dramatische Sukzession noch einmal unterbrochen, um in der letzten Begegnung mit Leicester einerseits Marias Standhaftigkeit zu demonstrieren und andererseits die tragische Ironie des dramatischen Geschehens mithilfe sprachlicher Doppeldeutigkeit zu belegen: **Ihr haltet Wort, Graf Leicester – Ihr verspracht / Mir Euren Arm, aus diesem Kerker mich / Zu führen, und Ihr leihet mir ihn jetzt!** (V. 3819 ff.). Leicesters Monolog bildet faktisch und symbolisch eine Art Bindeglied zwischen der Maria- und der Elisabeth-Handlung des 5. Aktes. Der Blick auf das Geschehen durch die Perspektive des leidenden Mittäters richtet ihn und seine pervertierte höfische Humanität. Durch die wirkungsästhetisch höchst bewusst gewählte Perspektive – wir erfahren nur teichoskopisch und akustisch von der Hinrichtung Marias – ermöglicht SCHILLER dem Zuschauer die Distanz, die seine ästhetische Freiheit garantiert. Der nun durch Ortswechsel und Unterbrechung der Personenkette sich abhebende Schlussteil des 5. Aktes dient der moralischen ›Hinrichtung‹ Elisabeths und ihrer pragmatischen Sittlichkeit. Zunächst liegt sie – SCHILLER gewährt hier dem Zuschauer durch den deutlichen Informationsvorsprung eine geradezu klinische Beobachtung der Handlungsmotive der Königin – auf der **Folter der Erwartung** (V. 3879), Indizien sammelnd für den Tod der Rivalin und schon künftige Heucheleien vorbereitend (V, 12), als Shrewsbury erscheint und die völlige juristische Haltlosigkeit der Vorwürfe gegen Maria kenntlich macht (V, 13). Dem Zuschauer wird mit dieser dramatischen Überrumpelung die politische und damit öffentliche Dimension privater Heteronomie plakativ demonstriert. Alle Versuche Elisabeths, die Verantwortlichkeit etwa auf Davison (V, 14) oder Burleigh (V, 15) abzuwälzen, bestätigen nur das Verdikt Shrewsburys über ihr politisches Handeln: **Ich habe deinen edlern Teil / Nicht retten können** (V. 4027 f.). Die inhumane Trennung öffentlicher und privater Existenz wird abschließend durch den Verlust Leicesters und dessen Neuorientierung sinnfällig: **Der Lord läßt sich / Entschuldigen, er ist zu Schiff nach Frankreich.** (V. 4032 f.)

3.3.4 Figuren

Maria – Elisabeth

Dramatische Handlung und literarische Figur sind komplementär. Figuren und ihr ›Charakter‹ sind vor allem Funktion der Handlung, die Fabel ihrerseits wird erst durch das Handeln von Figuren konstituiert.

Entsprechend der Aufteilung des dramatischen Konflikts in einen ›äußeren‹ und ›inneren‹ Handlungsbereich, in ›politisch-juristische‹ und ›private‹ Thematik zeigen auch die beiden Hauptfiguren des Dramas die korrespondierende ambivalente Persönlichkeitsstruktur. Maria und Elisabeth personifizieren folgerichtig diesen von SCHILLER als Charakteristikum der Moderne angesehenen Gegensatz von öffentlicher und personaler Rolle, die Diskrepanz zwischen Anforderungen der Gesellschaft und individueller Identität. Beide, als Protagonistinnen eines historischen Dramas – die Nebenfiguren und ihre Konstellation dienen eigentlich nur zu pointierter Opposition bzw. Äquivalenz –, repräsentieren aber nicht – wie in GOETHES *IPHIGENIE* – die grundsätzlichen, sondern im Rahmen eines Geschichtsdramas die historisch möglichen Lösungsvarianten eines politisch-moralischen Konflikts. Sie repräsentieren damit auch im Sinne SCHILLERS exemplarische Möglichkeiten des Umgangs mit der eigenen Zeitgeschichte.

Die Darstellung der poetischen Wahrheit im Rahmen eines Geschichtsdramas bedarf aber – SCHILLER war sich, wie schon oft demonstriert, dessen als Stückeschreiber höchst bewusst – auch wirkungsästhetischer Maximen bei der ›Konstruktion‹ literarischer Figuren. Die konventionelle literarische Kritik der damaligen Zeit zielte – wie die Rezeptionsgeschichte des Dramas belegt – unter Vernachlässigung dieser Dimension fast ausschließlich auf die didaktisch-moralische Bewertung der Figuren. SCHILLER steht, wie seine Schrift *DIE SCHAUBÜHNE ALS EINE MORALISCHE ANSTALT BETRACHTET* (1984) zeigt, zunächst in dieser vor allem von Sulzer vertretenen Tradition: **Die Gerichtsbarkeit der Bühne fängt an, wo das Gebiet der weltlichen Gesetze sich endigt. Wenn die Gerechtigkeit für Gold verblindet [...], übernimmt die Schaubühne Schwert und Waage, und**

reißt die Laster vor einen schrecklichen Richterstuhl.[78] Der lasterhafte große Bösewicht und der das mittlere Maß im Guten wie im Bösen überschreitende ›Held‹ gelten dieser Dramentheorie als erlaubte Figurentypen. Nach Übernahme der Lessing'schen Tragödientheorie, die die aristotelische Phobos-Eleos-Dichotomie zur Mitleidstheorie vereinseitigt (Furcht ist für LESSING **das auf uns selbst bezogene Mitleid**), verliert die Fixierung auf die Didaxe ihre Rechtfertigung. Das **Vergnügen an traurigen Rührungen**, das die Freiheit der Vernunft vor der Sinnlichkeit gewährt, ist nun das wirkungsästhetische Hauptziel: **Je lebhafter die Sinnlichkeit in unserem Gemüte erwacht, desto schwächer wird die Sittlichkeit wirken und umgekehrt, je mehr jene von ihrer Macht verliert, desto mehr wird diese an Stärke gewinnen.**[79]

Diese Vorstellungen haben unmittelbare Auswirkungen auf die Praxis der literarischen Figur. Der ›mittlere Mann‹ und der ›gemischte Charakter‹ sind nun im Rahmen einer Identifikationsdramaturgie der angestrebte Figurentypus. Folgerichtig heißt es in SCHILLERS Aufsatz *ÜBER DIE TRAGISCHE KUNST* (1792):

> **Nur das Leiden sinnlich-moralischer Wesen, dergleichen wir selbst sind, kann unser Mitleid erwecken [...] Eine reine Intelligenz kann nicht leiden. Ein durchaus sinnliches Subjekt ohne Sittlichkeit, und solche, die sich ihm nähern, sind zwar des fürchterlichsten Grades von Leiden fähig, und von einem Leiden, von einem durchaus hülflosen Leiden [...] wenden wir uns mit Unwillen und Abscheu hinweg. Der tragische Dichter gibt also mit Recht den gemischten Charakteren den Vorzug, und das Ideal seines Helden liegt in gleicher Entfernung zwischen dem ganz Verwerflichen und dem Vollkommenen.**[80]

Zugleich aber zeigt SCHILLER überraschenderweise etwa in seiner Abhandlung *VOM ERHABENEN* (1793) eine an seine früheste Dramatik erinnernde Faszination für die Darstellung des großen, auch des großen ›bösen‹ Charakters. Diese Ambivalenz hat vor allem in der Figur der Elisabeth ihren Niederschlag gefunden. Die ersten Kritiker tadeln, den damaligen Wertnormen gemäß, denn auch die entartete, unweibliche und monströse Natur Elisabeths. Aber auch Maria wird wegen ihrer amoralischen Vorgeschichte als Dramenfigur streng kritisiert. Stellungnahmen dieser Art verfehlen die spezifische Intention Schiller'scher Figurenregie. Wie bewusst SCHILLER seine ›Figuren‹ entsprechend seinen wirkungsästhetischen Prämissen ›konstruiert‹ hat, belegt ein Brief vom 16. Juni an GOETHE, in dem er die Vorstellungen von seiner Heldin präzisiert:

> **Meine Maria wird keine weiche Stimmung erregen, es ist meine Absicht nicht, ich will sie immer als physisches Wesen halten, und das Pathetische muß mehr eine allgemeine tiefe Rührung als ein persönlich und individuel-**

les Mitgefühl sein. Sie empfindet und erregt keine Zärtlichkeit, ihr Schicksal ist, nur heftige Passionen zu erfahren und zu entzünden. Bloß die Amme empfindet Zärtlichkeit für sie.

Die Charakteristika der dramatischen Figur sind – SCHILLERS Formulierungen lassen daran keinen Zweifel – Funktion seiner allgemeineren wirkungsästhetischen Absicht. Entsprechend SCHILLERS dualistischer Humanitätsvorstellung soll Maria ›physisch‹, ›stoffartig‹ wirken und doch zugleich typische ›allgemeine‹ Wirkung auslösen. Sie muss Individuum und Gattungswesen zugleich sein! Die nicht auf ›individuelles Mitgefühl‹ zielende Wirkung ist daher nur durch Entindividualisierung der Figur oder durch die Wirkung der dramatischen Struktur leistbar: **Diejenige Tragödie würde also die vollkommenste sein, in welcher das erregte Mitleid weniger Wirkung des Stoffs als der am besten benutzten tragischen Form ist. Diese mag für das Ideal der Tragödie gelten.**[81]

Durch Darstellung ›gemischter‹ Charaktere, durch Typisierung der Figuren und – wie schon gezeigt – durch strukturelle Raffinesse ist SCHILLER seinem Tragödienideal doch recht nahe gekommen.

Zunächst hat er durch Poetisierung bzw. Erfindung der historischen Gestalten diese seinen ästhetischen Absichten dienstbar gemacht. In einem Brief an den damaligen Berliner Theaterdirektor August Wilhelm IFFLAND schreibt er am 22. Juni 1800:

Weil mir alles daran liegt, daß Elisabeth in diesem Stück noch eine junge Frau sey, welche Ansprüche machen darf, so muß sie von einer Schauspielerin, welche Liebhaberinnen zu spielen pflegt, dargestellt werden [...] Marie ist in dem Stücke etwa 25 und Elisabeth höchstens 30 Jahr alt.

Das Ziel dieser ›Poetisierung‹ des historisch wahren Alters beider Hauptfiguren – Elisabeth und Maria waren zu der Zeit, in der SCHILLERS Dramenhandlung spielt, 53 bzw. 44 Jahre alt – ist deutlich. Beide sollen auch individuelle ›sinnlich-erotische‹ Figuren sein. Nur dadurch ist ein Teilmoment des dramatischen Grundkonflikts – der Widerspruch zwischen individueller und öffentlicher Rolle – in aller Schärfe exponierbar.

Marias erotische Attraktivität bleibt ja nicht nur privates Faktum, sondern hat, gekoppelt mit ihrem öffentlichen Anspruch auf den Thron Englands, objektive gesellschaftliche Folgen. Die erotische Anziehungskraft Marias, Ausdruck der von SCHILLER gewünschten ›stoffartigen‹ Attraktivität, zeigt sich folgerichtig zunächst als ihr wesentliches ›Charaktermerkmal‹.

Maria zeigt alles andere als **Magerkeit und Trockenheit** in ihrem Charakter, ist nicht durch **Kälte in den Leidenschaften** ausgezeichnet, erscheint nicht als **klägliche Fratze,** alles Formulierungen, mit denen SCHILLER in einem Brief an GOETHE vom 31. Mai 1799 die Frauengestalten der ›tragédie classique‹ belegt. Ihre Fähigkeit ›heftige Passionen‹ zu erfahren und zu entzünden, wird von SCHILLER geradezu leitmotivisch eingesetzt. Bereits Paulet denunziert Maria als von Eitelkeit gezeichnete Buhlerin (V. 37 f.), während Kennedy Marias Charakter milieutheoretisch zu entschuldigen versucht. Maria wird als **Weicherzogne** am **üpp'gen Hof der Mediceerin / In jeder Freuden Fülle aufgewachsen** geschildert (V. 46 ff.). Mortimers Erscheinen (I, 3) und sein raues Benehmen scheinen indirekt die Attraktivität dieser ›Helena‹, der es schon gelang, Norfolk und Scharen von **Rasenden** an sich zu binden (V. 72 ff.) zu bestätigen. Auch im Gespräch mit Kennedy (I, 4) wird sie als Verführerin und Verführte gekennzeichnet. Sie lockt den Gatten **schmeichelnd in das Todesnetz** (V. 293) und unterliegt andererseits, von ihrer Sinnlichkeit heteronom bestimmt, dem Verführer Bothwell: **Seine Künste waren keine andre / Als seine Männerkraft und meine Schwachheit.** (V. 331 f.)

Für eine adäquate Interpretation wichtig ist jedoch die Tatsache, dass gerade diese erotischen ›Erfolge‹ Marias als vergangen und nur im Rückblick geschildert werden. Indirekt ist damit bereits die mögliche Abkehr von ihrer ›Schwachheit‹ angedeutet. Dem widerspricht nicht die Erfindung der Figur des Mortimer. Sie dient neben der die Handlung retardierenden Funktion vor allem dazu, Marias nunmehr passive Attraktivität, ihre Fähigkeit, **Passionen [...] zu entzünden,** darzustellen. Mortimer erweist sich trotz Marias heftigster Abwehr als ein wahrhaft **übersinnlich sinnlicher Freier,** der sogar am Schluss bereit ist, dem Objekt seiner Begierde Gewalt anzutun (III, 6). Seine Begegnung mit dem **weiblich[en] Bildnis** (V. 501 ff.) und schließlich mit dem Original (V. 550 ff.) lockt ihn, es seinen gescheiterten Vorgängern nachzutun (V. 655 ff.). Die Darstellung der politischen Folgen der Anziehungskraft Marias überlässt SCHILLER bezeichnenderweise Mortimer, der emphatisch und nicht ohne erotischen Nebensinn prophezeit: **Aufstehen würde Englands ganze Jugend, / Kein Schwert in seiner Scheide müßig bleiben / Und die Empörung mit gigantischem Haupt / Durch diese Friedensinsel schreiten, sähe / Der Brite seine Königin!** (V. 556 ff.). Die öffentliche Wirkung der Schönheit Marias erweist diese als eine **architektonische Schönheit.**[82] Mit diesem Terminus bezeichnet SCHILLER in seiner Schrift *ÜBER ANMUT UND WÜRDE* (1793) die natürliche Schönheit des Menschen, seine **allein durch Naturkräfte,** durch sein biologisches Schicksal bestimmte Schönheit. Dadurch wurde sie die **Ate dieses ew'gen Kriegs, die mit / Der Liebesfackel dieses Reich entzündet** (V. 1281 f.). Welchen humanen Wert SCHILLER der Liebe und ihrer gesellschaftlichen, weil individualisierenden Kraft beimaß, hat er in *ANMUT UND WÜRDE* deutlich gemacht. Dort erscheint sie ihm als Teil unsrer **göttlichen Natur,** als aus dem **Sitz der Freiheit** strömend, als das **absolut Große selbst.**

Sie ist der *Gott* in uns, der mit seinem eigenen Bilde in der Sinnenwelt spielt.[83]

Gerade diese höchste humane Qualität hatte Marias bisherige ›Liebe‹ nicht. Ihre bisherige Liebe war ›nur‹ Leidenschaft, die, da sie die Liebenden entmündigt, in inhumane Destruktion umzuschlagen droht. Ein neues Modell dieser ›destruktiven‹ Form der Liebe verwirklicht Mortimer. Maria selbst – die folgenden Zitate machen es deutlich – hat sich bereits am Beginn der Dramenhandlung von dieser Art von Liebe und ihren zerstörerischen Folgen emanzipiert. **[Ich war] So zart – und lud / Die schwere Schuld auf mein so junges Leben.** (V. 295 f.) Der Kommentar Kennedys ist die für den Leser verbindliche ›Lesart‹ der aus destruktiver ›Liebe‹ entstandenen ›Tat‹: **Seit dieser Tat, die Euer Leben schwärzt, / Habt Ihr nichts Lasterhaftes mehr begangen, / Ich bin ein Zeuge Eurer Besserung.** (V. 369 ff.) Die ›Besserung‹ ist bereits eingetreten, dennoch bleibt Marias Leben durch Schuld belastet. Bezeichnenderweise formuliert Kennedy diesen Tatbestand im Tempus Präsens.

Katalysator ihrer weiteren inneren Entwicklung aber wird ihre ›objektive‹ Unschuld, die sie zum Handeln zwingt und endlich sogar paradoxerweise die physische Vernichtung als Befreiung akzeptieren lässt.

Im Gegensatz zu Maria ist der private, der weibliche Bereich Elisabeths durch den öffentlichen Bereich, durch ihren Machttrieb und durch ihr Konkurrenzdenken erstickt. Sie ist – eine andere Art humaner Entfremdung – ganz ›öffentliche‹ Figur. Ihre öffentliche Rolle erniedrigt sie zu einem fremdbestimmten **Sklaven** (V. 1155). Ihre männliche Leistungsethik wird von Schiller biografisch fundiert, bleibt aber durchaus reflexionsfähig, wie Shrewsbury indirekt deutlich macht: **Zu Woodstock war's und in des Towers Nacht, / Wo dich der gnäd'ge Vater dieses Landes / Zur ersten Pflicht durch Trübsal auferzog.** (1381 ff.)

Deutlich steht diese Erziehung zu der Marias, der **Weicherzognen,** im Kontrast. Die Ausbildung ihrer ganzen Humanität ist bereits in frühester Jugend bedroht. Gerade auf diese Entfremdung reagiert sie kompensatorisch und reaktiv neidisch: **Der Stuart ward's vergönnt, / Die Hand nach ihrer Neigung zu verschenken, / Die hat sich jegliches erlaubt, *sie* hat / Den vollen Kelch der Freuden ausgetrunken. / […] nimmer lud sie / Das Joch sich auf, dem *ich* mich unterwarf.** (V. 1974 ff.)

Die politische Aufgabe hat sie auch als Frau zerstört, sodass Mortimer feststellen kann: **Das *eine* Höchste, was das Leben schmückt, / Wenn sich ein Herz, entzückend und entzückt, / Dem Herzen schenkt in süßem Selbstvergessen, / Die Frauenkrone hast du nie besessen, / Nie hast du liebend einen Mann beglückt!** (V. 1652 ff.)

Folgerichtig deutet sie die erzwungene **jungfräuliche Freiheit** in ein **höchstes Gut** um (V. 1166 ff.).

Der Preis für politische und gesellschaftliche Funktionalität ist nichts Geringeres als die humane Verkrüppelung, die sich in öffentlicher Destruktion – Elisabeths Handeln belegt es – entlädt. Auf seine Weise artikuliert SCHILLER so das Kernthema aller bürgerlichen Sozialtheorien seit ROUSSEAU: In einer Gesellschaft – so die politische Botschaft des Autors –, die private und allgemeine Interessen nicht versöhnt, hat humane Totalität keinen angemessenen Platz. Der entfremdete Mensch erweist sich notwendigerweise als der am wenigsten humane.

Exemplarisch führt uns SCHILLER in der großen Streitszene der Königinnen (III, 4) die Folgen defizienter Humanität vor Augen. Mithilfe der ›poetischen Wahrheit‹ – die Begegnung der Königinnen ist, wie schon erwähnt, nicht belegt – korrigiert SCHILLER die historische Wirklichkeit! Marias Reaktion auf die private und politische Rivalin ist der Versuch, auch angesichts persönlicher Erniedrigung und objektiver Bedrohung ihre humane Würde zu wahren und so innere Autonomie zu gewinnen.

Zunächst besitzt sie – der Rückblick aus der Perspektive der Beichtszene macht es deutlich – noch nicht die Haltung der ›Würde‹, die den eigenen **neid'schen Haß** auf Elisabeth, ihre **Rachegedanken,** aber auch ihre **sünd'ge Liebe** (V. 3676 ff.) aus sittlicher Überzeugung für schuldhaft hält. Sie zeigt in ihrer Auseinandersetzung mit Elisabeth zunächst nur die Größe und Intensität des empörten Gefühls. Diese Empörung speist sich nicht nur aus den rangverletzenden, erniedrigenden Haftbedingungen, sondern beruht vor allem auf ihrer objektiven Schuldlosigkeit. Insofern ist ihre Empörung auch moralisch gerechtfertigt. Bereits unmittelbar vor der Begegnung zeigt sich Maria von ihren Gefühlen überwältigt: **Nichts lebt in mir in diesem Augenblick / Als meiner Leiden brennendes Gefühl.** (V. 2182 f.)

Wie wenig autonom Maria unmittelbar vor der Begegnung agiert, zeigen vor allem die Äußerungen Shrewsburys, die indirekt ihre Gemütslage erhellen: **Kommt zu Euch, Königin! Faßt Euren Mut / Zusammen** (V. 2175 f.), und wenig später: **Gebietet Eurem wildempörten Blut, / Bezwingt des Herzens Bitterkeit!** (V. 2188 f.). Maria fehlt die nötige **Fassung** (V. 2212), ihr Zustand seelischer Heteronomie ›zwingt‹ sie geradezu, jede Form utilitaristischer Strategie zu verdrängen. Aber gerade diese Form pragmatischen Handelns würde sie nötigen, sich der entfremdeten Scheinkommunikation höfischer Etikette anzupassen. So schließt sie denn einen kommunikativen Kompromiss zwischen lebensrettender Unterwerfung und Bewahrung ihrer personalen und politischen Identität: **Womit soll ich den Anfang machen, wie / Die Worte klüglich stellen, daß sie Euch / Das Herz ergreifen, aber nicht verletzen! / O Gott, gib meiner Rede Kraft und nimm / Ihr jeden Stachel, der verwunden könnte!** (V. 2288 ff.)

Argumentativ folgt sie der Strategie, die Gegnerin von Schuld zu befreien und alle ihr selbst zugefügten Ungerechtigkeiten euphemistisch in eine **Schickung** (V. 2307) umdeuten zu wollen. Wie sehr dies alles bemühter ›Schein‹ ist, wie sehr Maria diese utilitaristische Position als nur scheinbare Autonomie empfindet, machen die aller verbalen Vorsicht zum Trotz nicht unterdrückbaren Vorwürfe gegenüber der Rivalin deutlich (V. 2295 ff., 2380 ff.).

Nach der Aufgabe ihres Thronanspruches – SCHILLER lässt keinen Zweifel, dass dieser Anspruch berechtigt ist – macht erst die menschliche, die weibliche, die private Erniedrigung der strategischen Argumentation Marias ein Ende:

> **Das also sind die Reizungen, Lord Leicester, / Die ungestraft kein Mann erblickt, daneben / Kein andres Weib sich wagen darf zu stellen! / Fürwahr! *Der* Ruhm war wohlfeil zu erlangen: / Es kostet nichts, die *allgemeine* Schönheit / Zu sein, als die *gemeine* sein für *alle!*** (V. 2413 ff.)

Elisabeths bösartiges Wortspiel, weit entfernt von jenem möglichen **Edelmut** (V. 2392), denunziert in Maria ihre eigene deformierte Weiblichkeit und droht damit – der politische ›Kampf‹ kann mit Marias Thronverzicht als beendet gelten – auch Marias private Identität zu zerstören. Dass dieser Destruktionsversuch im Angesicht Leicesters erfolgt, der diesen weiblichen Ringkampf inszeniert hat ohne es zu wollen, führt zu der von SCHILLER als ›moralisch unmöglich‹ qualifizierten Situation. Wir können dieser Terminologie eine andere, an KANT orientierte Deutung geben, die hilft, den Handlungsspielraum der Hauptfiguren genauer zu beschreiben. KANT unterscheidet zwischen ›moralisch möglichen‹ und ›unmöglichen Handlungen‹. Als ›moralisch möglich‹ definiert er Handlungen, die eine freie, moralische Handlung nicht verhindern. In dieser Lesart ist Maria in eine Situation gebracht, die – wie beschrieben – zunächst ein wirklich freies Handeln unmöglich macht. Aufs Äußerste in ihrer Identität bedroht reagiert sie zunächst **von Zorn glühend**, also im Zustand eines heteronomen Affekts. Doch dieser ›Affekt‹ bedeutet nicht wie vorher ein ›Außer-sich-Sein‹, ›Fassungslosigkeit‹, sondern er weist, wie die unmittelbar sich anschließende Regieanweisung ([...] **mit einer edeln Würde** [S. 78]) kenntlich macht, auf beginnende Autonomie der Figur hin. Auch diesen Bewusstseinszustand können einige Kant'sche Begriffe[84] erläutern helfen.

Erhitzte Leidenschaften sind in KANTS Sinne natürliche, durch Freiheits- oder Geschlechtstrieb bestimmte Gefühle und Stimmungen, während **kalte Leidenschaften** kulturell geprägt sind, z. B. Herrschsucht, Habsucht u. Ä. Beide Formen der Leidenschaft bedrohen die auf der Vernunft basierende Autonomie des sittlich Handelnden. Bezogen auf dieses Schema zeigt sich Maria deutlich von ›erhitzten Leidenschaften‹, Elisabeth von der ›kalten Leidenschaft‹ der Herrschsucht bestimmt. Marias ›leidenschaftliche‹ Anklage greift aber bezeichnenderweise nicht nur den privat-weiblichen Bereich Elisabeths an, sondern mündet direkt in die politische Anklage und lässt indirekt das Wiederaufleben ihres Thronanspruchs deutlich werden: **Weh Euch, wenn sie von Euren Taten einst / Den Ehrenmantel zieht, womit Ihr gleißend / Die wilde Glut verstohlner Lüste deckt.** (V. 2427 ff.) und wenig später: **Der Thron von England ist durch einen Bastard / Entweiht, der Briten edelherzig Volk / Durch eine list'ge Gauklerin betrogen. / – Regierte Recht, so läget *Ihr* vor mir / Im Staube jetzt, denn *ich* bin Euer König.** (V. 2447 ff.)

Politische und private Rolle sind reziprok und unauflöslich miteinander verklammert. Die in Marias Worten zutage tretende Rachbegierde, motiviert durch den Angriff auf ihre natürliche, personale Identität als Frau, ist in KANTS Terminologie nichts Geringeres als die Entsprechung zur **erlaubten Rechtsbegierde,** wobei die Erstere dennoch ein Zustand der moralischen Heteronomie ist.

In diesem Zustand ist sich Maria nur des Mangels äußerer Freiheit bewusst und unfähig das eigene Verhalten moralisch-sachlich zu werten. Daher ist sie auch unfähig, die ganze Dimension der eigenen Schuld wahrzunehmen, geschweige denn sie in sittlicher Autonomie anzunehmen. Der Bezug ihrer ›hitzigen Leidenschaft‹ zur ›erlaubten Rechtsbegierde‹ drückt sich – es sei noch einmal bestätigend zitiert – in der Verfassung Marias (›edle Würde‹) aus. Mit diesem Terminus pflegt SCHILLER ja den Zustand, in dem die Vernunft über die Neigung triumphiert, zu bezeichnen. Kontrastiv dazu lässt SCHILLER in der folgenden Begegnung mit Mortimer Maria zu einem Opfer ›erhitzter Leidenschaft‹ werden. Durch Mortimer werden Maria die möglichen politischen Folgen einer solchen Leidenschaft deutlich gemacht: Die Erniedrigung des Menschen als Mittel zum Zweck und damit seine radikalste Dehumanisierung. Mortimer, der bereit ist, Drury, Paulet und auch Elisabeth zu ermorden, wird folgerichtig in SCHILLERS Regianweisung im Zustand vollendeter Heteronomie gezeigt. Er spricht **mit irren Blicken und im Ausdruck des stillen Wahnsinns** (S. 82). Zugleich enthüllt seine ›Lebensphilosophie‹ sich als nur vitalistischer Utilitarismus: **Warum verspritzt der Tapfere sein Blut? / Ist Leben doch des Lebens höchstes Gut! / Ein Rasender, der es umsonst verschleudert!** (V. 2577 ff.). Eine sich nur am privaten Nutzen orientierende Ethik zerstört jede Möglichkeit einer sich an verallgemeinerungsfähigen Maximen orientierenden Gesellschaft! Die politischen Folgen solcher Sittlichkeit sind, wie Maria mit Schrecken feststellen muss, **Gewalt** und **Mord** (V. 2597). Erst Mortimers Handeln ermöglicht Maria die destruktiven Wirkungen auch ihrer ›erhitzten Leidenschaft‹ abzuschätzen. So sind am Ende des 3. Aktes die äußeren und inneren Bedingungen der Wandlung Marias gesetzt: Sie kann der Hinrichtung nicht mehr entgehen und ihr Zustand ›erhitzter Leidenschaft‹ erweist sich als moralisch höchst fragwürdig.

Doch bevor die von SCHILLER solcherart vorbereitete Wandlung Marias dramatisch dokumentiert wird, hat der Leser Gelegenheit, an Elisabeth ein alternatives Modell privaten und öffentlichen Handelns zu studieren.

Gerade die Bewertung Elisabeths hat zunehmend in der jüngsten Zeit eine bemerkenswerte Änderung erfahren. Bei Staiger ist Elisabeth beispielsweise noch eine

> vom Geschick begünstigte, mächtige Fürstin, die ungefährdet das Recht verletzt und den Schein der Gerechtigkeit wahrt, die Gleisnerin, von deren geheimen Lüsten und Lastern gerade so viel gemunkelt und angedeutet wird, daß niemand mehr zweifelt: Elisabeths Glanz ist falsch: Die Welt läßt sich betrügen.[85]

Dieser eher kruden moralisierenden Einschätzung widerspricht etwa van Ingen, indem er sich gegen die Unterschlagung der politischen Dimension im Handeln Elisabeths verwahrt. Mit direktem Bezug auf Staigers Diktum schreibt er:

> Ist das nicht – mit Verlaub – etwas billig? Sind die von den Räten vorgetragenen politischen Argumente nicht der Rede wert, ist SCHILLER die Zwangslage der englischen Königin gleichgültig. [...] Immerhin gab es den ›Act for the Queen's Safety‹ und das Gericht glaubte gültige Beweise gegen Maria zu haben; schließlich war das Urteil gesprochen worden, dem auch die Königin sich beugen mußte, und Elisabeth stand unter dem Zwang der Volksmeinung, in der Realität wie im Stück.[86]

Aber gerade ›im Stück‹, in der poetischen Fiktion, wird die politische Notwendigkeit als reflektierbare und damit als änderbare thematisiert. Alle interpretatorischen Bezüge auf die historische und ideologische ›Realität‹, die zur Entlastung Elisabeths formuliert werden, verkennen – von methodischen Problemen, die sich aus der Vermischung des poetischen und des historischen Diskurses ergeben, einmal abgesehen –, dass genau diese scheinbare Abhängigkeit Elisabeths in Form des historischen Dramas einer neuen Beurteilung zugänglich gemacht wird. SCHILLER verhindert durch die negative Darstellung Elisabeths die Rechtfertigung politischer Notwendigkeit auf Kosten des Gewissens und rehabilitiert im Kontrast dazu die moralische Macht der politisch und rechtlich Ohnmächtigen.

In der ästhetischen Darstellung der Möglichkeiten moralischer Macht liegt der poetische Appell an die so genannten Mächtigen, ihre Macht an verallgemeinerungsfähige Maximen, an das Maß idealer Humanität zu binden: **Der Wille des Menschen steht aber vollkommen frei zwischen Pflicht und Neigung, und in dieses Majestätsrecht (!) seiner Person kann und darf keine physische Nötigung eingreifen.**[87]

Genau dieses ›Majestätsrecht‹ gestattet SCHILLER der fiktiven Figur Elisabeth, mag auch die historische Elisabeth hier nicht diskutierbaren Notwendigkeiten ausgesetzt gewesen sein. SCHILLER aber – er ist wirkungsästhetischer ›Realist‹ genug – belastet die Konzeption des Geschichtsdramas nicht mit dramaturgisch unerlaubten poetischen Übersteigerungen. Menschliches Handeln kann in einem Geschichtsdrama dieser Art – das Sujet bindet den Autor – nur als Scheitern gestaltet und erfahren werden. Im Scheitern aber lässt sich die Ahnung des richtigen Lebens als Korrektiv ästhetisch erfahren. Auch an Elisabeths Handeln und Charakter wird die Utopie humanen Handelns – freilich ex negativo – exemplifiziert. Elisabeths Charakter zeichnet sich durch eine spezifische, strukturelle Konstante aus: durch Wandlungsunfähigkeit. Damit aber steht sie in paradigmatischem Gegensatz zu Maria.

Elisabeth muss nach SCHILLERS Auffassung ihre öffentliche, politische Aufgabe verfehlen, da sie ihre private Natur, sprich ihre Weiblichkeit, unterdrückt und somit ihre humane Ganzheit verliert. So aber kann die ›kalte Leidenschaft‹ von ihr Besitz ergreifen und ihre Handlungsautonomie zerstören. Gerade aber die Freiheit des Handelns ist das Zeichen jeglicher Humanität. Dieses Motiv der Wahlfreiheit erhebt SCHILLER – Marias Wandlung ist ein Weg zur humanen Autonomie – zum Leitthema des Dramas. Die menschliche und politische Handlungsfreiheit Elisabeths wird von SCHILLER an vielen Stellen deutlich gemacht. So schließt – um einige Beispiele zu nennen – Elisabeth die große Debatte über das weitere Schicksal Marias (II, 3) mit folgenden Worten ab: **Mylords, ich hab nun eure Meinungen / Gehört und sag euch Dank für euren Eifer. / Mit Gottes Beistand, der die Könige / Erleuchtet, will ich eure Gründe prüfen / Und wählen, was das Bessere mir dünkt.** (V. 1455 ff.)

Wenig später (II, 4) kommentiert sie ihre Möglichkeit, **Gnade und Notwendigkeit [...] geziemend zu vereinen** (V. 1569 f.). Bereits Maria hatte den **freien Wille[n] der Elisabeth allein** als verantwortlich für ihre Freilassung genannt (V. 665), und Shrewsburys großer Diskussionsbeitrag in Fragen Staatsräson oder Gerechtigkeit bestätigt ausdrücklich Elisabeths Handlungsautonomie: **Sag nicht, du müssest der Notwendigkeit / Gehorchen und dem Dringen deines Volks. / Sobald du willst, in jedem Augenblick / Kannst du erproben, daß dein Wille frei ist.** (V. 1330 ff.)

Trotz aller pragmatischen Notwendigkeiten, die menschliches Handeln beeinflussen können, kommt es SCHILLER also darauf an, die unbedingte Möglichkeit menschlicher Freiheit auch im Bereich des politisch-öffentlichen Handelns zu thematisieren und den Missbrauch humaner Freiheit wenigstens ästhetisch zu geißeln.

SCHILLER beteiligt sich so auf seine poetische Weise an einer ethisch-politischen Grundsatzdebatte der damaligen Zeit, nämlich der Frage, wie weit moralische und politische Normen miteinander vereinbar seien. Der durch die Entstehung des modernen Staates entstandenen Trennung von ›civitas‹ und ›societas civilis‹ entsprach in den damaligen Politiktheorien die Trennung von Politik und Ethik. In diesem Streit befürwortet SCHILLER die Priorität ethischer Normen, deren Basis die menschliche Handlungsfreiheit, die ›moralische‹ Autonomie ist. Der Mangel an äußerer und innerer Freiheit ist nach SCHILLERS Auffassung nicht nur ein Zeichen zerstörter humaner Ganzheit, sondern produziert unmittelbar Unrecht. SCHILLER setzt seine Figur Elisabeth auch folgerichtig dem im Grunde ungeheuerlichen Vorwurf der Anstiftung zum Mord und der bewussten Rechtsbeugung aus. Zum anderen zeigt er ihre strategisch höchst erfolgreiche Handlungsfähigkeit, auch wo Elisabeth als Opfer oder Unverantwortliche erscheint, genauer gesagt erscheinen will. Das gilt für das von ihr zur Schau getragene tränenschwere Mitleid nach dem Erhalt des Briefes ihrer Rivalin (V. 1528 ff.), das stufenlos in den Mortimer angetragenen Mordbefehl übergeht, wie auch für ihr Spiel mit Davison, dem sie den unterschriebenen Hinrichtungsbefehl zum Zwecke der eigenen Exkulpation anvertraut. Sie will die Tötung Marias, allerdings unter Wahrung des schönen Scheins politischer Notwendigkeit. Nun wäre ein solches Handeln aus Staatsräson möglicherweise verständlich als eine z. B. im Barockdrama nicht seltene Form plakativen Missbrauchs absolutistischer Herrschaft.

SCHILLER aber zielt auf eine davon prinzipiell verschiedene Problematik. Wie sehr Elisabeth nämlich als Mensch und entsprechend als ›Monarchin‹ versagt, ja nach SCHILLERS dramatischem Kalkül versagen muss, zeigt ihr großer Monolog (IV, 10), in dem sich die Thematik des Stückes aus Elisabeths Perspektive darstellt. Schon die situative Einbettung – **allein** heißt es in der Regieanweisung (S. 106) – wie auch der strukturelle Modus des Entscheidungsmonologs konnotieren die ›Freiheit‹, die Handlungsmächtigkeit der monologisierenden Figur. Der gesamte Monolog kreist um die Opposition Freiheit und Notwendigkeit. Elisabeth sieht sich – im Gegensatz etwa zu Shrewsbury – abhängig vom ›Pöbel‹ und dessen Meinungen, eine Abhängigkeit, die ihre Vorstellung vom Königtum bedroht: **Oh, *der* ist noch nicht König, der der Welt / Gefallen muß! Nur *der* ist's, der bei seinem Tun / Nach keines Menschen Beifall braucht zu fragen.** (V. 3197 ff.) Wie negativ Elisabeths inhaltlich leere Bestimmung absoluter Freiheit zu werten ist, wie sehr Freiheit als Selbstzweck den Sinn des Herrschertums verfehlen muss, zeigt Elisabeths Einschätzung der monarchischen Tugend der ›Gerechtigkeit‹: **Doch war's denn meine eigne freie Wahl, / Gerecht zu sein? Die allgewaltige / Notwendigkeit, die auch das freie Wollen / Der Könige zwingt, gebot mir diese Tugend.** (V. 3208 ff.)

Elisabeths Gerechtigkeit, ihr Hass auf Willkür – scheinbar autonome Herrschertugenden – enthüllen sich wie ihre private Tugendhaftigkeit und Jungfräulichkeit als ›erzwungen‹ und damit als ›unsittlich‹. Die utilitaristische Perversion dieser Art ›Gerechtigkeit‹ hat sie schon vorher dokumentiert, indem sie ihr bisheriges Eintreten für Gerechtigkeit – nur freiwilliges Handeln kann ›sittlich‹ sein – zum Zwang umwertet: [...] **daß ich / Für diese erste unvermeidliche / Gewalttat selbst die Hände mir gefesselt! / Das Muster, das ich selber gab, verdammt mich!** (V. 3201 ff.) Der folgende Abschnitt des Monologs reiht zunächst alle innen- und außenpolitischen Bedrohungen auf und enthüllt dann den Grund, der alle diese Bedrohungen für Elisabeth so schwerwiegend macht, ihre Bastardexistenz:

> **Mit hohen Tugenden / Muß ich die Blöße meines Rechts bedecken, / Den Flecken meiner fürstlichen Geburt, / Wodurch der eigne Vater mich geschändet. / Umsonst bedeck ich ihn – Der Gegner Haß / Hat ihn entblößt und stellt mir diese Stuart, / Ein ewig drohendes Gespenst, entgegen.** (3221 ff.)

Elisabeth wird nicht bewusst, dass Herrschaft sittlich gerechtfertigt sein muss. Anders formuliert: Herrschaft bedarf anderer als nur erbrechtlicher Legitimation. Das Handeln eines Menschen und besonders das eines Herrschers rechtfertigt sich nur durch die Teilhabe an sittlich verallgemeinerungsfähigen Normen. In der *Kritik der praktischen Vernunft* (1788) hatte Kant diese ›objektiven‹ Bestimmungen als Grundlage praktischer Gesetze von subjektiven Maximen des Handelns unterschieden und als Ziel die Übereinstimmung beider gefordert: **Handle so, daß die Maxime deines Handelns jederzeit zugleich als Prinzip einer allgemeinen Gesetzgebung gelten könne.**

Freiheit, wahre, d. h. human-sittliche Freiheit, fällt also zusammen mit der Orientierung an der vernünftigen, allgemeinen Norm. Gerade aber dieser Freiheitsbegriff wird von Elisabeth nicht akzeptiert, geschweige denn praktiziert. Ihre privaten, subjektiven, ›materialen‹ Motive sind, da nur privat, nicht tauglich als ›Prinzip einer allgemeinen Gesetzgebung‹. Elisabeth ist also nur in einem konventionellen Sinne situationsmächtig, in ›Wirklichkeit‹ ist sie in ihrer Heteronomie befangen, die sie als Mensch und Herrscherin entmündigt. Gerade deswegen kommt der Frage, ob sie rechtmäßige Königin oder eine Usurpatorin sei, für die Schiller'sche Intention nur relative Bedeutung zu. **Nur der ist dazu legitimiert, König zu sein, der ein König ist; nur der ist zu Herrschaft berechtigt, der Herr über sich selbst ist.**[88] Elisabeths Mangel an echter Legitimation zeigt sich am deutlichsten in der Benennung ihrer eigentlichen Handlungsmotive. In moralisch anstößiger Weise werden von ihr private und öffentliche Interessen verknüpft, besser, öffentliche Herrscherpflichten zugunsten privater Parteilichkeit korrumpiert.

Sie trägt damit das Stigma des ›modernen‹ Menschen, der – so SCHILLERS Diagnose – den ständigen Konflikt zwischen seiner individuell-sinnlichen Existenz und seiner vernunftbestimmten Gattungsexistenz austragen muss. Gerade durch diese Diskrepanz des Privaten und Politischen ist Elisabeths Handeln geprägt. Sie repräsentiert den Menschentypus, der sich nur als ›Bruchstück‹ ausbildet und, **anstatt die Menschheit in seiner Natur auszuprägen, nur zu einem Abdruck seines Geschäfts, seiner Wissenschaft** wird, der dem großen Idol der Zeit, dem ›Nutzen‹, huldigt. Sie verkörpert eine Epoche, die Moderne, in der dem Menschen die Welt **bloß Schicksal, noch nicht Gegenstand** ist.[89] So erfährt Elisabeth auch Maria, Personifikation aller ihrer Leiden, als einen **Plagegeist vom Schicksal angeheftet** (V. 3231), durch deren Tod ihre eigene ›Freiheit‹ garantiert wird.

Die ›Gewalttat‹ an Maria aber nimmt ihr die entscheidende, die moralische Freiheit und damit die Möglichkeit, ihr individuell interessiertes Handeln zu dem der menschlichen Gattung möglichen (humanen) Handeln zu läutern. Im letzten Abschnitt des Monologs – eine deutliche Zäsur bildet die Regieanweisung: **Stillschweigen** (S. 108) – wird die dialektische Logik des argumentativen Nacheinander überdeutlich. Elisabeths deformierter Freiheitsbegriff, der auch den politischen Kontext nur subjektiv deuten kann, erzwingt den Missbrauch der öffentlichen Macht im Dienst individueller Wünsche und Ziele. Das entscheidende Textsignal dieser Wendung zum privatisierenden Handlungsmotiv ist die plötzlich erfolgende Apostrophe, der Scheindialog mit Maria, der den Geschlechterkampf des 3. Aktes (II, 4) – Elisabeth hatte den dortigen Schauplatz wortlos (!) verlassen – in Form einer ›schriftlichen Antwort‹ beendet: **Ein Bastard bin ich dir? – Unglückliche! / Ich bin es nur, solang *du* lebst und atmest. / Der Zweifel meiner fürstlichen Geburt, / Er ist getilgt, sobald ich *dich* vertilge.** (V. 3243 ff.) Die Paronomasie des ›getilgt‹ und des ›vertilge‹ lässt, durch den Wechsel des semantischen Bereichs des Verbs, die Inhumanität dieser Entscheidung auch sprachlich deutlich werden. Elisabeth handelt so auch im Kant'schen Sinne ›böse‹, da sie in Kenntnis des sittlichen Gebots von diesem aus subjektiven Nutzengründen abweicht. Die Versöhnung von Politik und Ethik, von menschlichem und politischem Leben erweist sich als unmöglich. Das Modell politischen Handelns, das Elisabeth vertritt, ist inhuman. Shrewsburys aufgrund seiner Unkenntnis der Situation zunächst naiv erscheinender an Elisabeth gerichteter Satz, Davison müsse, falls er **ohne […] Wissenschaft** Elisabeths gehandelt habe, vor Gericht gefordert werden, […] **weil er deinen Namen / Dem Abscheu aller Zeiten preisgegeben,** trifft richtend die eigentliche Täterin und fordert mit der Formulierung **aller Zeiten** den zeitgenössischen Zuschauer zu hermeneutisch distanzierter Stellungnahme heraus (V. 3990 ff.). Abschließend formulieren die Taten und Worte Shrewsburys SCHILLERS poetisches ›Gerichtsurteil‹.

Shrewsburys Abdankung als Siegelbewahrer – Symbol des Rückzugs der Ethik aus der Politik – und sein abschließendes Diktum enthüllen uns die von Schiller intendierte Lesart dieser historischen ›Tragödie‹: **Ich habe wenig / Getan – Ich habe deinen edlern Teil / Nicht retten können. Lebe, herrsche glücklich! / Die Gegnerin ist tot. Du hast von nun an / Nichts mehr zu fürchten, brauchst nicht mehr zu achten.** (V. 4026 ff.)

Der Sieg des Nutzens über die Humanität, die Bankrotterklärung einer sittlich leeren, nur individuellen Freiheit sind damit dokumentiert. Die Folge dieser Liquidierung ethischer Prinzipien – daran lässt SCHILLERS plakative Schlusssequenz keinen Zweifel – ist der Verlust des Humanen: **Der Lord läßt sich / Entschuldigen, er ist zu Schiff nach Frankreich.** (V. 4032 f.)

Im 24. seiner *ÄSTHETISCHEN BRIEFE* hatte SCHILLER eine Art anthropologischer Entwicklungslogik konstatiert:

> **Es lassen sich also drei verschiedene Momente oder Stufen der Entwicklung unterscheiden, die sowohl der einzelne Mensch als die ganze Gattung notwendig und in einer bestimmten Ordnung durchlaufen müssen, wenn sie den ganzen Kreis ihrer Bestimmungen erfüllen sollen. [...] Der Mensch in seinem *physischen* Zustand erleidet bloß die Macht der Natur; er entledigt sich dieser Macht in dem *ästhetischen* Zustand, und er beherrscht sie in dem moralischen Zustand.**[90]

Repräsentiert in dieser Terminologie SCHILLERS Elisabeth und ihre Zeit den ›physischen‹ Zustand, so Maria den ›moralischen‹ oder, wie SCHILLER auch zu sagen pflegt, den ›erhabenen‹ Zustand. Mithilfe dieser Begrifflichkeit lässt sich Marias Entwicklung besonders deutlich fassen. Eine Art Voraussetzung dieses Wandels zeigt sich in der großen Streitszene der beiden Königinnen: **Die Paradoxie dieser Szene liegt darin, daß Maria sich selbst den Weg zur Rettung zerstört, aber eben damit eine absolute Größe des Erhabenen in ihr zum Durchbruch gelangt, mit der sie sogar als ›Königin‹ über Elisabeth triumphiert.**[91]

Die seit dieser Szene noch deutlicher werdende Entwicklung Marias vom ›physischen‹ zum ›erhabenen‹ Zustand lässt sich – darin artikuliert sich die personale und entsprechend auch die politische ›Botschaft‹ des Stückes – gleichsam rückwirkend an den Szenen ablesen, die kurz vor ihrem Tode spielen. Vor allem die Beichtszene (V, 7) als besonders ritualisierte ›Gerichtsszene‹, zielt auf verbindliche Glaubwürdigkeit. Die unmittelbar vorhergehende Szene zeigt Maria beim Abschied im Rahmen der sozialen Gemeinschaft ihrer Getreuen. Diese ›Öffentlichkeit‹ – auch die folgende Beichtszene ist im Gegensatz zu Elisabeths Monolog dialogisch gestaltet – steht in deutlichstem Kontrast zur Vereinsamung der weiterlebenden Elisabeth. Eine Versöhnung des Ethischen und Politischen scheint durch die sittliche ›Tat‹ einer Einzelnen möglich geworden, Maria hat die

Identität von personaler und öffentlicher Rolle durch die erhabene ›Tat‹ erreicht: **So wie Anmut der Ausdruck einer schönen Seele ist, so ist *Würde* der Ausdruck einer erhabenen Gesinnung [...] Beherrschung der Triebe durch die moralische Kraft ist *Geistesfreiheit,* und *Würde* heißt ihr Ausdruck in der Erscheinung.**[92]

SCHILLER war sich der technischen Schwierigkeiten bewusst, diesem Ausdruck der Würde wirkungsästhetisch gerecht zu werden: **Strenggenommen ist die moralische Kraft im Menschen keiner Darstellung fähig, da das Übersinnliche nie versinnlicht werden kann. Aber mittelbar kann sie durch sinnliche Zeichen dem Verstande vorgestellt werden** [...].[93]

Folgerichtig hat SCHILLER auch das äußere Erscheinungsbild Marias im Gegensatz zu seinen Quellen im Sinne seiner Intention ›poetisiert‹. Er lässt Maria **weiß und festlich gekleidet,** mit einem **Diadem in den Haaren** auftreten. Zudem ist Melvil **mit einer willkürlichen Bewegung auf die Knie gesunken** (S. 118). Die von SCHILLER entworfene Redesituation ist die einer Verkündigung der ›frohen Botschaft‹, die – die biblisch-religiöse Sprache darf als Beleg dienen – Maria, ein Abbild der Mutter Gottes, an ihre ›Gläubigen‹ und somit auch an ›ihre‹ Zuschauer **mit ruhiger Hoheit** (S. 119) richtet. Alle diese nonverbalen Textsignale helfen das Erscheinungsbild der ›Würde‹ ästhetisch zu konkretisieren. Zugleich wird mithilfe dieser Textsignale bereits vorab ihr Tod als ›moralische‹ Befreiung und ihr durch Erhabenheit wieder erworbenes eigentliches ›Königtum‹ angedeutet. Diese Deutung lässt sich überreich durch Marias eigene Worte belegen. Der Tod wird als der **Leiden Ziel,** als Lösung von allen **Bande[n],** als **wohltätig, heilend** als **Freund** und schließlich als **Triumph** gedeutet. Ihren augenblicklichen Zustand interpretiert sie selbst als **froh.** Im Vergleich zu ihrer früheren Erniedrigung, wo sie **Unwürdiges** erdulden musste, fühlt sie sich **frei** und **groß,** die **edle Seele** erfüllt von **Stolz,** vom **Schicksal geadelt** und nunmehr eine wahre **Königin** (V. 3480 ff.). Alle zitierten Attribute sind der sichtbare, symbolische Ausdruck ihrer neu erreichten Würde. Jetzt ist sie wahre Königin, weil sie wahrer Mensch geworden ist. Damit ist der politische Kern des Schiller'schen Humanitätsgedankens und indirekt die Kritik an Elisabeth formuliert. Dieses Königtum bedarf keiner erbrechtlichen Legitimation, allerdings auch keiner parlamentarischen Legitimation, da es sich auf die gattungsspezifische Idee der Humanität gründet. Das Politische rechtfertigt sich durch das Menschliche und umgekehrt. Die erhabene ›Versöhnung‹ von individueller Existenz und Gattungsbestimmung wird von SCHILLER als Versöhnung des ›Irdischen und Himmlischen‹ religiös-ästhetisch gezeichnet. Maria sieht ja z. B. ihre **frohe Seele** auf **Engelsflügeln [...] zur ew'gen Freiheit** sich schwingen. (V. 3483 f.) Auch die zahlreichen, größtenteils wörtlichen Anklänge an Sätze des Alten und Neuen

Testaments in der folgenden Beichtszene dienen nicht dazu, den christlichen Glauben herabzusetzen. SCHILLER benutzt im Gegenteil die Symbolik des christlichen Glaubens und seiner Sprache, um Marias erhabene Humanität mit religiöser Weihe zu versehen und damit indirekt auch dem Theater eine Art religiöser Ersatzfunktion zuzusprechen. In einem Brief vom 17. August 1795 an GOETHE charakterisiert SCHILLER entsprechend die christliche Religion als **Darstellung schöner Sittlichkeit** und als die **einzige ästhetische Religion:** Die Verbindung seiner ästhetischen Anthropologie mit der christlichen Religion ist so hergestellt.

Voraussetzung der religiösen Erhöhung des erhabenen Zustandes aber ist Marias Entschluss, die vorher zwar registrierte, aber noch nicht in ihrer Tragweite erkannte persönliche Schuld freiwillig anzuerkennen.

Angesichts des drohenden Todes ›ergreift‹ Maria – durch Gottes Hilfe gestützt, wie Kennedy interpretiert (V. 3405) – **mit entschloßner Seele / Und glaubenvoll den Himmel** (V. 3407 f.). Ihre ›Erhabenheit‹ gründet sich also auf die aktive Bewältigung der Situation, auf eine freie, sittliche Tat! Auch ihre Tränen gelten folgerichtig nicht dem **eigne[n] Schicksal,** ebenso wie der **schriftlich[e] Abschied** von den Freunden und das eigenhändige Verfassen des Testaments jede Passivität vermissen lassen (V. 3410 ff.). SCHILLER schließt Gnadenwirkung nicht aus – das in antiker und christlicher Lesart eingeführte Deus-ex-Machina-Motiv (V. 3657 ff.) kann als Beleg gelten –, betont die Eigentätigkeit des erhabenen Subjekts. Marias Befreiung aber ist geistiger Natur, denn gerade der mit der Apostelgeschichte gezogene Vergleich der Befreiung Petri (V. 3658 ff.) führt für Petrus zu faktischer, nicht ›nur‹ zu moralischer Freiheit.[94] Diese aber ist an die Akzeptierung privater Schuld gebunden. In der bewussten Anerkennung der sinnlichen Natur des Menschen und der daraus resultierenden Gefahren für den ›ganzen‹ Menschen liegt die Möglichkeit zur Lösung des Konflikts in Form der erhabenen Sittlichkeit. Erst als Maria auch den Tod im Sinne einer privaten Schuld als moralisch sinnvoll interpretiert, obwohl sie im Sinne der politischen Anklage schuldlos ist, kann sie in religiös-symbolischer Form Segen und die ›Absolution‹ ihrer Tat erhalten. Jetzt kann sie ihr ›reales‹ und symbolisches ›Majestätsrecht‹ gebrauchen, nämlich beides, Wein und Brot, wie ein Priester sich selbst zu spenden. **Im Tode noch sollst du das höchste Recht / Der Könige, das priesterliche, üben!** (V. 3750 f.). Maria ist aufgrund ihrer erhabenen Humanität auch wieder eingesetzt in ihre königliche Stellung!

Melvils Erklärung der Schuld Marias ist aufgrund der exponierten strukturellen Position, in der sie formuliert wird, die den Zuschauer bindende Lesart: **Du fehltest nur aus weiblichem Gebrechen, / Dem sel'gen Geiste folgen nicht die Schwächen / Der Sterblichkeit in die Verklärung**

nach. (V. 3740 ff.) Gerade in der willentlichen und freien Überwindung des ›weiblichen Gebrechens‹ erweist sich Maria als Vertreter der menschlichen Gattung und kann damit als allgemeines Modell menschlichen Handelns dienen:

> **Der Wille ist der Geschlechtscharakter des Menschen, und die Vernunft selbst ist nur die ewige Regel desselben. Vernünftig handelt die ganze Natur; sein Prärogativ ist bloß, daß er mit Bewußtsein und Willen vernünftig handelt. Alle andere Dinge müssen; der Mensch ist das Wesen, welches will.**[95]

Burleigh – Shrewsbury

Konkretisiert und personifiziert sich in den Hauptfiguren die thematische Problemmasse des Dramas, so stehen die so genannten Nebenfiguren ihrerseits in Opposition oder Äquivalenz dazu. Shrewsbury und Burleigh – beide hochrangige Berater am Hof – sollen parallel und alternativ zu den durch Maria und Elisabeth repräsentierten politischen Handlungsmodellen das dramatische Konzept SCHILLERS poetisch ›versinnlichen helfen‹. Beide werden als bedeutsame Handlungsträger – Burleigh in anderer Funktion schon etwas früher – erst im dritten Auftritt des 2. Aktes eingeführt. Als Ratgeber verkörpern sie zwei diametral entgegengesetzte Varianten des politisch-ethischen Diskurses. Sie dienen der argumentativen Amplifikation des Konflikts, sind dadurch auch gleichsam wirkungsästhetisch notwendige Reflektoren des Geschehens. Das Problem, zu dem sie Stellung nehmen müssen, ist technisch gesprochen die Frage, ob Elisabeth von ihrem Begnadigungsrecht Gebrauch machen solle oder nicht.

Burleigh kann als Vertreter der durch die Trennung von Staat und Gesellschaft bedingten politisch-pragmatischen Moral gelten. Seine ethischen Maximen sind utilitaristisch-funktional begründet, sind Postulate einer auch amoralischen Staatsräson, deren Hauptaufgabe in der Erhaltung des ›Systems‹ besteht. Maria, die Burleighs strategisch packende Beredsamkeit bereits im 1. Akt (V. 762 f.) erfährt, ist für ihn eine faktische Bedrohung des außen- und innenpolitischen Status quo und muss deshalb unter Absehung moralischer Bedenken geopfert werden: **Kein Friede ist mit ihr und ihrem Stamm! / Du mußt den Streich erleiden oder führen. / Ihr Leben ist dein Tod! Ihr Tod dein Leben!** (V. 1292 ff.) **Englands Wohl** (V. 1253) – dafür ist Burleigh auch bereit zu morden bzw. morden zu lassen – ist die Prämisse seines politischen Handelns. Der Staat als Naturstaat sichert so sein Überleben, ohne den individuellen Bereich der Sittlichkeit ins Kalkül zu ziehen. Konsequenterweise bleibt Burleigh auch als Figur relativ abstrakt, von menschlichen Gefühlen, Regungen, ›Schwächen‹ nicht tangiert. Gerade seine gänzliche Unempfindlichkeit für die erotische Anziehungskraft Marias kennzeichnet indirekt seine menschliche Deformation. Insbesondere in dieser ›Unmenschlichkeit‹ ist er Modell des human entfremdeten Menschen, der der Funktionalität des modernen Staates dient und umgekehrt diese inhumane Funktionalität ins Werk setzt. Bezeichnend dafür ist seine Rolle bei Behandlung des bereits unterschriebenen Todesurteils für Maria. Hier wird er rasch Handelnder, Täter, aber – so muss man einräumen – nicht zu eigenem Vorteil, sondern um England zu retten, wobei auch Elisabeth als Person nur insoweit für ihn wichtig ist, als sie England und sein Volk repräsentiert. In dieser Bereitschaft – unter Absehung persönlicher, privater Interessen – handelt er im Sinne einer humanen Moral ›ungerecht‹. Maria kennzeichnet denn auch Burleighs Charakter und dessen partikulären moralischen Relativismus und Utilitarismus in aller Schärfe, indem sie einleitend ihre eigene ›Gerechtigkeit‹ auch gegenüber dem Gegner vorbildsetzend betont:

> **Ich will gerecht sein gegen Euch! – Seid Ihr's / Auch gegen mich – Man sagt, Ihr meint es gut / Mit diesem Staat, mit Eurer Königin, / Seid unbestechlich, wachsam, unermüdet – / Ich will es glauben. Nicht der eigne Nutzen / Regiert Euch, Euch regiert allein der Vorteil / Des Souveräns, des Landes. Ebendarum / Mißtraut Euch, edler Lord, daß nicht der Nutzen / Des Staats Euch als Gerechtigkeit erscheine. (V. 790 ff.)**

Maria – gewissermaßen im kantianischen Sinne geschult – verneint jede Form absolutistischer Zweckmoral. Im Staat soll sich die rechtlich geordnete Freiheit aller artikulieren. Die Freiheit jedes Einzelnen muss mit der Freiheit aller nach Vernunftprinzipien geordnet werden. Burleighs Staats- und Rechtsbegriff verbürgt nur eine Ethik des partikularen, privaten Nutzens und verhindert so eine Gesellschaft, in der der vernünftige, freie Wille aller in Gesetzen konvergiert. Nur dadurch aber kann Gerechtigkeit garantiert werden, und nur durch diese Art von Gerechtigkeit kann sich ein der menschlichen Gattung adäquates Gesellschaftssystem etablieren. In individueller Perspektive zeigt sich Burleigh orientiert an dem von KANT so genannten **hypothetischen Imperativ.**[96] Mit diesem Ausdruck werden Handlungsnormen definiert, die sich nicht an einem sittlichen Ziel orientieren, sondern Handeln als Mittel zu einem anderen Zweck rechtfertigen.

Wie wenig Handlungsnormen dieser Art dienen können, eine wahrhaft gleiche und gerechte Gesellschaft zu begründen, darauf macht in erster Linie Shrewsbury aufmerksam.

Diese Figur – ein Brief Körners an SCHILLER vom 9. Juli 1800 macht es deutlich – soll die kommentierende, die die Leserperspektive verbindlich lenkende Funktion des antiken Chores übernehmen und damit analog zum Chor der griechischen Tragödie eine Form der poetischen Öffentlichkeit herstellen. Shrewsbury tritt gewissermaßen aus seiner Rolle heraus und nähert sich dem Typus der ›idealischen Maske‹, durch die der Autor seine Sicht der Dinge verkündet. Das hindert SCHILLER nicht, ihn, wirkungsästhetisch einleuchtend, durch sein Interesse für Maria charakterologisch zu individualisieren: **Kommt zu Euch selbst, Mylord von Shrewsbury! / Denkt, daß wir hier im ernsten Rate sitzen. / Das müssen Reize sondergleichen sein, / Die einen Greis in solches Feuer setzen.** (V. 1398 ff.)

Shrewsbury ist also, obwohl ein Greis, dennoch sinnlich berührbar, kein der menschlichen Natur enthobener Weiser. Gerade deswegen kann er auch, ähnlich wie Melvil, dramaturgisch überzeugend die Idee der Sittlichkeit als politische Leitidee vertreten. In der Tat dürfen wir ihn als Sprachrohr SCHILLERS auffassen. An argumentativ entscheidender Stelle des Beratungsgesprächs (II, 3), ist er derjenige, der die menschliche Autonomie zur anthropologischen Grundlage jedes wahrhaft ethisch-politischen Handelns erklärt und daran auch den Wert königlich-herrscherlichen Verhaltens misst:

> **Nicht Stimmenmehrheit ist des Rechtes Probe, / England ist nicht die Welt, dein Parlament / Nicht der Verein der menschlichen Geschlechter. / Dies heut'ge England ist das künft'ge nicht, / Wie's das vergangne nicht mehr ist – Wie sich / Die Neigung anders wendet, also steigt / Und fällt des *Urteils* wandelbare Woge. (V. 1323 ff.)**

Damit ist jede Form eines historischen Rechtsrelativismus entschieden verneint und indirekt die menschliche Gattungsnatur als unverrückbare und letztgültige Rechtsinstanz eingeführt. Der **Verein der menschlichen Geschlechter,** nicht historisch kontingente Regierungsformen oder institutionalisierte Partikularinteressen sind **des Rechtes Probe.** Der Ort aber, an dem sich diese letztgültige und invariante Rechtsinstanz befindet, ist das menschliche Individuum, soweit es seiner gattungsspezifischen Vernunft Rechnung trägt. Sie allein ist der Garant der moralischen Autonomie des Einzelnen und somit auch indirekt die Voraussetzung jeder öffentlichen Gerechtigkeit: **Du selbst mußt richten, du allein** (V. 1340), fordert Shrewsbury von Elisabeth und kennzeichnet damit die personale und verantwortliche Handlungsautonomie des Menschen. Durch Shrewsburys Betonung des ›Richtens‹ wird Elisabeth indirekt aufgefordert, **so [zu] handeln, als sei noch gar kein Urteil gefällt.**[97] Elisabeth wird damit auch vom positiven Recht des erfolgten Schiedsspruchs freigestellt und ihrer völligen Autonomie überantwortet.

> **Daß Shrewsbury Elisabeth nicht als Instanz des Begnadigungsrechts anspricht, sondern als diejenige, die allein zu richten hat, bedeutet nichts Geringeres als die Wendung vom Recht zur Ethik. Er zitiert Elisabeth vor das innere Forum des Gewissens. Von nun an wird dies die Richtschnur sein, an der ihr Handeln zu messen ist.**[98]

Im Verfehlen dieser Gewissensautonomie wird der Mensch als Gattungssubjekt schuldig. Der Mensch ist, um noch einmal KANT zu zitieren, **nur seiner eigenen und dennoch allgemeinen Gesetzgebung unterworfen.**[99] In diesem Sinn ist Handeln immer allgemein, immer ›öffentlich‹, immer politisch. Heteronomes Handeln, das gilt für Elisabeth, Burleigh und auch Leicester, geht entsprechend am Anspruch der menschlichen Gattung vorbei und bleibt historisch zufällig und privat verzerrt. Dem moralisch Handelnden bleibt nur die Wahl der Entscheidung für das sittlich Notwendige. Die politische Radikalität dieser Rückbindung alles politischen Handelns an ethische Prämissen wird abschließend deutlich beim Rücktritt Shrewsburys in seiner Funktion als politischer Ratgeber. Die poetische Verurteilung utilitaristischer Amoralität wird so auffällig dokumentiert.

Leicester – Mortimer

Erfüllen Shrewsbury und Burleigh vorwiegend chorische Funktionen, so dienen Leicester und Mortimer – wie schon gezeigt – eher dazu, die tragische Handlung voranzutreiben. Die erfundene Liebesbeziehung beider zu Maria ist für SCHILLER das geeignete dramaturgische Mittel. Dadurch werden beide automatisch in den Konflikt zwischen Maria und Elisabeth hineingezogen.

Leicesters Beitrag als Ratgeber Elisabeths in Sachen Begnadigung (II, 3) zeigt ihn als amoralischen Opportunisten, der seinen Rechtsbegriff – im Gegensatz zu Burleigh – ausschließlich privat legitimiert. Er ist derjenige, der am konsequentesten den nur persönlichen Vorteil zur Richtschnur seines politischen Handelns macht: **Hier ist nicht / Die Rede von dem Recht, nur von dem Vorteil.** (V. 1440 f.) Diese Haltung erweist ihn als Vertreter des höfischen Scheins. In dieser entfremdeten Welt zeigt er sich als anpassungsfähiger Höfling, dessen öffentliche, politische Macht sich durch erotische Heuchelei und kunstvolle Intrige manifestiert. In der Begegnung mit seinem Rivalen Mortimer (II, 8), der das antihöfische Gegenbild zu Leicester darstellt, wird seine Scheinexistenz und seine reale Ohnmacht deutlich. Leicester ist aufgrund seines Ehrgeizes und seiner äußeren Machtlosigkeit die heteronome Gestalt des Dramas, eine Figur, die die gesellschaftliche Trennung des Privaten und Öffentlichen am meisten verinnerlicht hat. Am Surrogat der Macht orientiert, dem sich auch sein privates Glück unterzuordnen hat, repräsentiert Leicester wie kein anderer eine ihrer Sittlichkeit und damit ihrer Humanität beraubten Welt. Mortimers Bedenken vor einer Begegnung mit Leicester dient SCHILLER zu seiner indirekten Charakterisierung: **Ich habe zu dem Höflinge kein Herz** (V. 1659). Diese prognostische Ablehnung wird am Ende des Monologs ausgesprochen, in dem Mortimer die Scheinwelt des Hofes und dessen amoralischen Utilitarismus in Gestalt Elisabeths geißelt: **Geh, falsche, gleisnerische Königin! / Wie du**

die Welt, so täusch ich dich. Recht ist's, / Dich zu verraten, eine gute Tat! (V. 1632 ff.). In der Verkehrung der ethischen Begriffe des ›Rechts‹ und der ›guten Tat‹ wird auch von Mortimer der Sinn sittlicher Handlungen verfehlt. Dem entfremdeten Utilitarismus Leicesters stellt Mortimer eine nicht minder einseitige Philosophie des Herzens gegenüber: **Mich locket nicht des eiteln Ruhmes Geiz! / Bei ihr nur ist des Lebens Reiz – / […] Das** ***eine*** **Höchste, was das Leben schmückt, / Wenn sich ein Herz, entzückend und entzückt, / Dem Herzen schenkt, in süßem Selbstvergessen […]** (V. 1646 ff.). Wie in der so genannten ›Rom-Erzählung‹ (I, 6), in der Mortimer Maria gegenüber seine politische und private Identität preisgibt, gewinnt bei Mortimer an dieser Stelle die erotisch private Natur die Oberhand über seine Vernunft. Verzichtet Leicester um der Macht willen auf eine humane Existenz, so lässt Mortimer sich um der Leidenschaft willen zu inhumanem Verhalten verleiten. Führt der Verzicht auf moralische Autonomie bei dem einen zu Handlungsunfähigkeit, so die Unterwerfung unter die Sinnlichkeit bei dem anderen zu Gewalt. Die Begegnung beider zeigt, dass auch Leicester bereit ist die Folgen seines Handelns konsequent auf sich zu nehmen, zur Rettung der eigenen Person andere gewaltsam zu opfern. Seine Vernichtung Mortimers zeigt, die Aporie und Perversität einer nur am Schein hängenden Existenz. Sein Selbstmord aber gibt Mortimer einen Teil der moralischen Autonomie zurück, weil er sich wenigstens dadurch eine Art ›Würde‹ bewahrt. Er demonstriert so eine Vorform der Erhabenheit: Größe! So ruft er dem Offizier der Wache, der gekommen ist, um ihn auf Leicesters Anweisung hin zu verhaften, zu: **Was willst du, feiler Sklav' der Tyrannei? / Ich spotte deiner, ich bin frei!** (V. 2807 f.). Mortimer ist frei geworden, im Sinne einer nur negativ bestimmten ›Freiheit von etwas‹.

Ein wenig klingt in dieser Formulierung noch der Tyrannenhass der ›großen Kerls‹ in SCHILLERS frühen Dramen an. Leicesters gesellschaftliches Ende vollzieht sich seinem Charakter gemäß weniger dramatisch. Er, der Maria – wenn auch auf dem Wege der Intrige – retten wollte, sieht sich zum Vollstrecker ihres Todes degradiert. Alle seine bisher erfolgreichen Verdrängungsmechanismen versagen angesichts der schuldhaft verfehlten Lebensbilanz. Verzweifelt versucht er wenigstens mit einer Art trotzigen Größe zu reagieren: **Willst du den Preis der Schandtat nicht verlieren, / Dreist mußt du sie behaupten und vollführen!** (V. 3857 f.). Doch auch dieser Schein der ›Autonomie‹ ist ihm nicht möglich. Unter dem Eindruck der Hinrichtung wird er schließlich – symbolträchtig genug – ›ohnmächtig‹.

So repräsentieren Leicester und Mortimer ›Modelle‹ abhängigen gesellschaftlichen Handelns, die der poetischen Gerichtsbarkeit verfallen.

3.4 Sprache und Stil

Ästhetische Theorie konkretisiert sich in der poetischen Praxis. SCHILLERS dezidiert politisch-ästhetische Wirkungsabsicht ließ sich auf allen bisher interpretierten Textebenen dokumentieren. Auch Sprache und Stil seiner klassischen Dramen sind von dieser generellen Intention geprägt.

Auch in diesem Bereich erweist sich SCHILLER als ein eher unzeitgemäßer Dramatiker. Noch LESSING hatte im 59. Stück seiner *HAMBURGISCHEN DRAMATURGIE* gegen eine allzu enge Orientierung am hohen Stil der klassischen griechischen Tragödie polemisiert. Das neue, das ›bürgerliche‹ Drama sollte, aufgrund seiner eher privat-familiären Thematik, selbst hohen Standespersonen ihren menschlich-natürlichen Sprachduktus belassen und auf jede Art von preziöser und rhetorisierender Stilisierung verzichten. Der Wegfall der ›Öffentlichkeit‹ der dramatischen Handlung, der Verzicht auf den Chor, die mangelnde Repräsentativität der Personen rechtfertigten – so LESSINGS Argumentation – eher einen natürlichen ›mittleren‹ Stil im Dienst einer spezifisch ›bürgerlichen‹ dramatischen Technik. Eine in dieser Weise am identifikatorischen ›Mitleid‹ des Rezipienten orientierte Dramaturgie konnte SCHILLERS ästhetischer Intention nicht mehr gerecht werden. Seine – und GOETHES – bewusste, ›klassische‹ Artifizialität musste so ›natürlicherweise‹ damaligen wie heutigen Kritikern missfallen. Eine zeitgenössische Kritik der *MARIA STUART* sei exemplarisch für diese keineswegs allgemeine Tendenz zitiert:

> **Die neueste tragische Kunst stellt Helden auf, deren Thätigkeit mehrentheils im Handeln *wollen,* in Empfindungen und *langen* – so Gott will, poetisch – schönen – *Reden* besteht; [...] selten setzt einer seinem Unglücke weiter Etwas entgegen, als schöne *Phrasen* und schönverbrämte Sentenzen ... Statt eines Leidenschaft und Charakter bezeichnenden und versinnlichenden Dialogs, giebt die neueste *tragische Kunst* uns oft *Deklamationen, Bilderkram* und *Reflexionswesen* [...].[100]**

Bereits hier finden wir fast alle Topoi einer antiklassischen Kritik versammelt: Rhetorisierung, Antinaturalismus, Idealisierung und Intellektualisierung! Vorwürfe dieser Art müssen notwendigerweise an ihrer hermeneutischen Naivität scheitern. In welchem Kontext SCHILLERS und GOETHES ›Reintellektualisierung‹ der Literatur hermeneutische Plausibilität gewinnt, versucht Schulte-Sasse in einem Aufsatz zu zeigen, in dem er die historischen Gründe für den Zerfall der bürgerlich-literarischen Öffentlichkeit thesenhaft resümiert:

> **Die Re-Intellektualisierung der Kunst, wie sie sich in der Entwicklung des klassischen Symbolbegriffs, in Kategorien wie der der ästhetischen Distanz, in wiederbelebten Techniken wie dem Gebrauch des Chores in der Tragödie**

oder in dem häufigen Einbau reflexionsintensiver sperriger Passagen in die Literatur niederschlägt, ist eine Antwort auf den Zerfall des bürgerlich-aufklärerischen Literaturbegriffs im Zuge der Entwicklung des kapitalistischen Buchmarkts. Die dem Geschichtenerzählen eigenartigen Weisen der Einstellungsvermittlung wurden so einer sich mit dem Markt und den konsolativen Unterhaltungsbedürfnissen der Käufermassen versöhnenden Literatur überlassen.[101]

Gerade SCHILLERS klassische Versdramen sind ohne Zweifel Dokumente dieser ›Reintellektualisierung‹, die beim Leser geistige Anstrengung und den weitgehenden Verzicht auf identifikatorische Lektüre voraussetzen. Erst dadurch scheint eine hermeneutisch adäquate Leseweise möglich.

SCHILLERS dramatischer Stil muss – will man diese ›Leseweise‹ erreichen – in den Zusammenhang seiner ästhetischen Theorie eingeordnet werden. Gerade auf der Ebene des dramatischen Stils versucht SCHILLER den von ihm diagnostizierten Grundwiderspruch der Moderne zu artikulieren. Dieser Widerspruch, der sich auf moralischer Ebene als Antagonismus von Sittlichkeit und Sinnlichkeit, auf politischer Ebene als Differenz von Individualität und Gattungsbestimmung zeigt, äußert sich auf der poetologischen Ebene als Dualismus von abstraktem Inhalt und konkret-sinnlicher Form. Die ›Lösung‹ dieses Problems skizziert SCHILLER bereits 1791 in seiner Rezension *ÜBER BÜRGERS GEDICHTE*. In der Zerrissenheit der Moderne

ist es die Dichtkunst beinahe allein, welche die getrennten Kräfte der Seele wieder in Vereinigung bringt, welche Kopf und Herz, Scharfsinn und Witz, Vernunft und Einbildungskraft in harmonischem Bunde beschäftigt, welche gleichsam den ganzen Menschen in uns wiederherstellt.[102]

Für die technisch-handwerkliche Seite der dichterischen Produktion bedeutet dies: **Eine notwendige Operation des Dichters ist Idealisierung seines Gegenstandes, ohne welchen er aufhört seinen Namen zu verdienen.**[103] Seine Aufgabe ist es, **das Individuelle und Lokale zum Allgemeinen zu erheben** und so die von SCHILLER angestrebte Form der ›Idealisierkunst‹ zu erreichen.[104] Dieses darstellungsästhetische Grundpostulat hat SCHILLER trotz einzelner Korrekturen und Modifikationen nie mehr aufgegeben. Ziel dieser ›Idealisierkunst‹ und ihrer ›Versöhnung‹ des Individuellen und Allgemeinen, ihrer poetischen Harmonisierung von Sinnlichkeit und Idee ist die Restitution der menschlichen Totalität durch die Kunst. Am 27. März 1801 schreibt SCHILLER an GOETHE: **Totalität des Ausdrucks wird von jedem dichterischen Werk gefordert, denn jedes muß Charakter haben, oder es ist nichts; aber der vollkommene Dichter spricht das Ganze der Menschheit aus.** Mit welchen sprachlich-stilistischen Strategien sich diese ›Totalität des Ausdrucks‹ realisieren lässt, sei nun an *MARIA STUART* exemplifiziert.

3.4.1 Vers, Reim, Lied

Ein primäres, gleichsam noch ›stoffliches‹ Element der Stilisierung und Idealisierung des dramatischen Stils im Dienste des wirkungsästhetischen Programms stellt die Verwendung der gebundenen Rede dar. SCHILLER verwendet ausschließlich den Blankvers, der trotz LESSINGS Vorgang erst durch GOETHE und SCHILLER in den Rang des dramatischen Verses schlechthin erhoben wird. Aus historischem Abstand scheint die von SCHILLER gewählte Versifizierung fast als poetische Nebensache. Nach SCHILLERS Meinung jedoch leistet die Rhythmisierung der dramatischen Rede geradezu ästhetisch Grundlegendes. In einem Brief an GOETHE vom 24. November 1797 schreibt er in Bezug auf seinen *WALLENSTEIN:*

> **Ich habe noch nie so augenscheinlich mich überzeugt, als bei meinem jetzigen Geschäft, wie genau in der Poesie Stoff und Form, selbst äußere, zusammenhängen. Seitdem ich meine prosaische Sprache in eine poetisch-rhythmische verwandle, befinde ich mich unter einer ganz andern Gerichtsbarkeit als vorher; […] Man sollte wirklich alles, was sich über das Gemeine erheben muß, in Versen, wenigstens anfänglich, konzipieren, denn das Platte kommt nirgends so ins Licht, als wenn es in gebundener Schreibart ausgesprochen wird. […] Der Rhythmus leistet bei einer dramatischen Produktion noch dieses Große und Bedeutende, daß er, indem er alle Charaktere und alle Situationen nach einem Gesetz behandelt und sie, trotz ihres innern Unterschiedes, in einer Form ausführt, dadurch den Dichter und seinen Leser nötiget, von allem noch so charakteristisch Verschiedenen etwas Allgemeines, rein Menschliches zu verlangen.**

Was SCHILLER dazu veranlasst, gerade den Blankvers – der Alexandriner als das Versmaß der klassischen französischen Tragödie bot sich alternativ dazu an – zu wählen, lässt sich indirekt aus einem Brief an GOETHE vom 15. Oktober 1799 erschließen:

> **Die Eigenschaft des Alexandriners, sich in zwei gleiche Hälften zu trennen, und die Natur des Reims, aus zwei Alexandrinern ein Couplet zu machen, bestimmen nicht bloß die ganze Sprache, sie bestimmen auch den ganzen innern Geist der Stücke, die Charaktere, die Gesinnung, das Betragen der Personen. Alles stellt sich dadurch unter die Regel des Gegensatzes […]. Der Verstand wird ununterbrochen aufgefordert, und jedes Gefühl, jeder Gedanke in diese Form wie in das Bette des Prokrustes gezwängt.**

Das Überwiegen des Verstandes, des abstrakt Allgemeinen, bedroht die ästhetische Freiheit des Rezipienten, die Versöhnung des Verstandes mit der Sinnlichkeit ist so nicht gewährleistet. E contrario bietet der Blankvers mit seinen ungeraden Hebungen, seinen nicht festgelegten Zäsuren, seiner Reimfreiheit, seiner Variabilität der Kadenz (Zehn- bzw. Elfsilbler), seiner ungezwungenen Möglichkeit zum Enjambement die von SCHILLER erwünschten ›sinnlichen‹ und ›symbolischen‹ Chancen der Darstellung. Charakteristische Individualität und das menschliche Allgemeine können so kooperieren.

Schiller nutzt alle prosodischen Lizenzen des Blankverses aus. Im Sinne einer formalen Steigerung werden thematisch und strukturell besonders wichtige Stellen – speziell an Szenen- und Aktschlüssen – zusätzlich ›lyrisiert‹ und gewinnen so kontrastiv eine gewisse formale, ›sinnliche‹ Eigenständigkeit. So beendet etwa Maria die für die Schuldfrage grundsätzliche Auseinandersetzung mit Burleigh am Ende von I, 7 in paarig gereimten Blankversen: **Ermorden lassen kann sie mich, nicht richten! / Sie geb' es auf, mit des Verbrechens Früchten / Den heil'gen Schein der Tugend zu vereinen, / Und was sie *ist,* das wage sie zu scheinen!** (V. 971 ff.).

Die musikalische Verselbstständigung der Aussage, die bereits mit der Wahl des Blankverses gegeben ist, wird durch das ergänzende Textsignal des Reims verstärkt. Andererseits erreicht Schiller auf der Inhaltsebene eine thematische Pointierung des für die dramatische Handlung zentralen Schuld- und Scheinmotivs: Der ›Stoff‹ wird durch die ›formalen‹ Textsignale der Rhythmisierung und des Reims seiner inhaltlichen ›Schwere‹ beraubt und erlaubt dem Rezipienten so den Zustand ästhetischer Freiheit und Distanz. Weitere lyrisch und thematisch exponierte Stellen mit vergleichbarer ästhetischer Funktion sind z. B. am Ende von I, 8; II, 6, 9; II, 5, 6, 8; IV, 4; V, 6, 7 (V. 3739 ff.), 9 zu finden.

Eine besondere Form der formalen Ästhetisierung wählt Schiller durch die Einfügung von Liedern in die dramatische Fabel. Das klassische Drama kennt in der Regel keine Liedeinlagen. Zwar lassen sich im geschlossenen Dramentypus viele **lyrisch getönt**[e][105] Monolog- und Dialogstellen finden – Mortimers Rom-Erzählung kann als Beispiel dienen –, doch dokumentieren die vier Lieder in *Maria Stuart* (III, 1) eher eine historische und strukturelle Ausnahme. Eingefügt in den Dialog Maria–Kennedy erweisen sich die hymnenartigen Gedichte als streng dramatisch motiviert:

> **Nicht nur in sich ist diese Liederszene architektonisch ausgewogen und geschlossen, sie ist ebenso streng in den Verband des Gesamtdramas eingepaßt, kompositionell und dramaturgisch. Sie steht im dritten Akt, kurz vor der Mittelachse, dem Höhepunkt des Dramas, in dem die beiden Königinnen zum einzigen Mal sich begegnen. Sie spiegelt in den Liedern den höchsten Gipfel von Marias Hoffnung, die dann sogleich am Ende der nächsten Szene ihren tiefsten Stand erreichen wird. Die lyrische Szene bereitet die dramatische vor.**[106]

Doch nicht allein der inhaltliche Bezug zur dramatischen Handlung charakterisiert diese lyrischen Einlagen. In der Benennung und Modifizierung des Generalthemas Schiller'scher Dramatik, der ›Freiheit‹, lässt der Autor mithilfe ›musikalischer‹ Formelemente die Utopie der ästhetischen Versöhnung wenigstens als Wunsch- und Gegenbild zur dramatischen ›Realität‹ der Heldin auch ›sinnlich‹ entstehen. Alliterationen, Wechsel von jambischen und daktylischen Rhythmen, Strophik, rhetorisch-pathetische Emphase und nicht zuletzt die topische Bildlichkeit dienen zur Instrumentierung der ästhetischen Idylle. Die so gewonnene ›formale Autonomie‹ emanzipiert den Zuhörer von seiner durch das dramatische Geschehen bedingten Inhaltsbezogenheit. Weit davon entfernt, nur ›Ornament‹ zu sein, dienen die formal-poetischen Elemente der Freiheit ›ästhetischer‹ Rezeption. Wie sehr sich SCHILLER durch diese Sicht ästhetischer Strukturen sowohl von der traditionellen Aufklärungspoetik wie auch von KANT unterscheidet, sei nur am Rande vermerkt: Die traditionelle Poetik des Rationalismus sieht – vereinfacht gesagt – die Rolle des stilistisch-rhetorischen ›ornatus‹ in seiner Fähigkeit, vorwiegend moralische Wert- und Normensysteme angenehm vermitteln zu helfen (›prodesse et delectare‹). Demgegenüber sieht SCHILLER in der ›Ästhetisierung‹ von Inhalten die Voraussetzung der Humanisierung des Rezipienten, der im Rezeptionsakt, im ästhetischen ›Spiel‹ seine gattungsbestimmte Totalität erfahren kann. In dem bereits zitierten Brief an GOETHE vom 24. November 1797 heißt es – wir dürfen das Stichwort ›Rhythmus‹ als Pars pro toto aller poetischen Mittel begreifen:

> Alles soll sich in dem Geschlechtsbegriff des Poetischen vereinigen, und diesem dient der Rhythmus sowohl zum Repräsentanten als zum Werkzeug, da er alles unter seinem Gesetze begreift. Er bildet auf diese Weise die Atmosphäre für die poetische Schöpfung, das Gröbere bleibt zurück, nur das Geistige kann von diesem dünnen Elemente getragen werden.

3.4.2 Sprache und Poetik

Die von SCHILLER angestrebte Autonomie des Rezipienten soll – wie schon erwähnt – durch die ›schöne‹, Sinnlichkeit und Verstand versöhnende Schreibart erreicht werden. Auf der Ebene der Sprache tritt nun, bedingt durch SCHILLERS dualistische Sprachkonzeption, ein neues poetologisches Grundproblem auf. Die menschliche Sprache konfrontiert jeden Autor, wie SCHILLER in einem Brief an Körner vom 28. Februar 1793 schreibt, mit einem der Sprache immanenten, strukturellen ›Mangel‹:

> Die Natur des Mediums, dessen der Dichter sich bedient, besteht also in einer Tendenz zum Allgemeinen, und liegt daher mit der Bezeichnung des Individuellen (welches die Aufgabe ist) im Streit. Die Sprache stellt alles vor den Verstand, und der Dichter soll alles vor die Einbildungskraft bringen (darstellen); die Dichtkunst will Anschauungen, die Sprache gibt nur Begriffe.

Dieser grundsätzlichen Abstraktheit der Sprache kann der Dichter nur dadurch entgehen, **daß er den Gegenstand zu individualisieren sucht, z. B. oft den Teil für das Ganze, die Wirkung für die Ursache setzt, inwiefern dadurch an Anschaulichkeit gewonnen wird.**[107]

Das ästhetische Grundpostulat der Anschaulichkeit fordert bei der Darstellung einer abstrakten Thematik also den Einsatz der konventionellen rhetorischen Mittel – Pars pro toto (›den Teil für das Ganze‹) und Metonymie (›die Wirkung für die Ursache‹) werden ja stellvertretend als Mittel der Poetisierung genannt. Umgekehrt soll jede Individualisierung und Veranschaulichung symbolisierend die Idee, das Allgemeine signifizieren und das Dargestellte als Element eines poetischen ›Bedeutungsraums‹ konstituieren. Diese doppelte Buchführung in Sachen Poetik spiegelt sich in SCHILLERS dramatischer Sprache als charakteristische Synthese von Abstraktion und Anschauung, Bildlichkeit und Reflexion, von ›Realismus‹ und ›Idealismus‹.

3.4.3 Elemente der ›Idealisierkunst‹

Stilhöhe

Das Generalthema der klassischen Schiller'schen Tragödie ist die ›Darstellung der leidenden Natur‹ des Menschen und zugleich seines ›moralischen Widerstandes gegen das Leiden‹. Eine so geartete Thematik verbietet – das Drama versucht ja die Darstellung der ›Totalität‹ der menschlichen Gattung – jede Art stilistischer und sprachlicher Privatisierung. Gefordert ist der ›öffentliche‹, hohe Stil, das rhetorische Pathos des ›genus grande‹. Die Figuren, als ›idealische Masken‹, sollen keine biografisch, historisch oder sozial definierbaren Individualitäten kennzeichnen, sondern durch ihre Individualität hindurch exemplarische Gattungssubjekte repräsentieren. Deswegen ist jede Art soziolektaler oder gar dialektaler Individualisierung ausgeschlossen. Semantisch und syntaktisch wird die Sprache typisiert und idealisiert. Königinnen und Diener, Lords und Haushofmeister, Botschafter und Trabanten sprechen alle die gleiche Sprache. Trotz situativer – man denke an Marias Ausbruch in der Königinnenszene – oder personaler Variation – der leidenschaftliche Charakter Mortimers artikuliert sich sprachlich anders als der wandlungsfähige Sprachgestus des Opportunisten Leicester – wird die von SCHILLER angestrebte Stilhöhe grundsätzlich nicht verlassen.

Stilmittel

Der Veranschaulichung des abstrakt ›Allgemeinen‹ dienen in erster Linie die rhetorischen Figuren. Wie sehr SCHILLER den ›gemeinen‹ Sprachgebrauch semantisch und syntaktisch mithilfe von rhetorischen Tropen und

Figuren stilisiert, soll eine exemplarische Analyse zeigen. Wir wählen dazu das Streitgespräch zwischen Maria und Burleigh am Ende der siebten Szene des 1. Aktes (V. 934-974). Es seien zunächst nur die in den ersten Versen auffälligsten ›Abweichungen‹ vom gewöhnlichen Sprachgebrauch genannt: Ellipse, Epipher, Polyptoton, Alliteration, Inversion (V. 934-937); Inversion, Metapher, Chiasmus, Parallelismus, Epitheton, Metapher, Epitheton, Personifikation, Metapher, Parallelismus, Asyndeton (V. 938-943); Periphrase, rhetorische Fragen, Variatio (V. 944 f.); Inversion, Epitheton, Neologismus, Metonymie, Wiederholung, Periphrase, Hendiadyoin, Asyndeton (V. 946-949). Bereits die quantitative Analyse zeigt eine ungewöhnliche Häufung rhetorischer Figuren und Tropen. Die bewusste rhetorische Artifizialität der Textstruktur ermöglicht trotz der inhaltlichen ›Schwere‹ des Textstückes – Maria hält nach Bekanntgabe des Urteils die ihr bisher verweigerte Verteidigungsrede – die Distanz des Rezipienten. Um die qualitative Funktion der Rhetorisierung zu erfassen, müssen wir uns den typischen Stilistika der klassischen Schiller'schen Rhetorik im Detail zuwenden.

Figuren

Schiller benutzt extensiv, doch stets thematisch und situativ motiviert den gesamten konventionellen Vorrat rhetorischer Figuren. Das ganze Drama ist eine Fundgrube dafür. Eine Figur jedoch, die Antithese, in der sich die Grundstruktur des dramatisch-tragischen Konflikts artikuliert, kann als exemplarischer Darstellungsmodus gelten. Sie bildet das organisierende Grundmodell des Maria-Stuart-Dramas. In unserem Textabschnitt – zitiert seien nur die plakativsten Oppositionen – erscheint diese Figur mehrmals:

Schwert – Bittende, Gewalt – Schutz, Pflichten – Zwangsrecht, Recht – Gewalt, Schwäche – Macht, Macht – Gerechtigkeit, heilig – roh, ermorden – richten, Verbrechen – Tugend, Sein – Schein.

Diese Häufung von Antithesen veranschaulicht den thematischen Konflikt als einen dualen und gibt analog dazu, das Allgemeine (Recht – Gewalt) biografisch individualisierend, die historisch kontingente wie menschlich grundsätzliche Problemkonstellation wieder. Alle Monologe, Streit- und Beratungsgespräche des Dramas – neben I, 7 vor allem II, 3; III, 4; IV, 9; IV, 10 und V, 6 – artikulieren in antithetischer Weise die bestehenden Oppositionen des Dramas auf moralischer, sozialer und politischer Ebene. Diese dramatische Grundfigur wird zudem durch die verschiedensten Stilfiguren erweitert und gesteigert. In unserem Beispiel wird der abschließende, die Situation resümierende Textabschnitt (V. 961 ff.) mit der personalen Antithese **Ich bin die Schwache, sie die Mächt'ge** eröffnet und häuft, inhaltlich durch dauernde Wiederholung auf Elisabeth konzentriert (**sie** [...] **sie** [...] **sie**), Attribute ihrer ›scheinbaren‹ Macht. Diese vor dem moralischen Gesetz nur faktische Stärke lässt SCHILLER durch massiven rhetorischen Ornat besonders anschaulich werden. Anapher und Klimax (V. 962 f.) betonen Elisabeths politisch-juristische Möglichkeiten. Ihre moralische Ohnmacht jedoch wird durch die anaphorische Inversion des Negationspartikels verdeutlicht. Der syntaktische Parallelismus (V. 966-969) erhöht so mit negativem Vorzeichen das durch Metaphern und Epitheta ornantia erreichte Pathos und der Teilabschnitt endet rhythmisch schwergewichtig mit einer den Ordo naturalis zerbrechenden Genitiv-Inversion (V. 969). Zugleich erreicht SCHILLER durch die starke Nominalisierung eine gewisse Statik und ermöglicht so Distanz (V. 969). Der Schlussabschnitt fasst schließlich Elisabeths reale, aber amoralische Optionen in die Form des Chiasmus, kritisiert diese durch die Figur der Correctio (V. 971) und benennt antithetisch und abstrakt den thematischen Grundkonflikt (V. 974). Gerade diese Textstelle ist typisch für den überall belegbaren figurativen Sprachgebrauch des Autors.

Tropen

Nach SCHILLERS schon zitierter Auffassung sind es vor allem die Formen der uneigentlichen Rede, die Tropen, die die Veranschaulichung eines Textes bewirken. Die Funktion des Pars pro toto und der Metonymie wurden schon erwähnt. Der von SCHILLER bevorzugte Tropus ist die Metapher. Unsere Textstelle enthält mehrere Stellen metaphorischen Sprechens. Besonders extensiv verwendet SCHILLER die Form der ›Personifikation‹, der anthropomorphen Metapher. Die Funktion dieses häufig gebrauchten Tropus – er nennt ihn ›Personalität‹ – hat er explizit zu bestimmen versucht: **›Personalität‹ ist ferner der Ersatz, welcher dem Naturgegenstande für das gegeben wird, was er durch die abstrakte Natur der Sprache einbüßt.**[108] Gerade die Metaphorik – so darf man verallgemeinern – trägt die Hauptlast der stilistischen Veranschaulichung der dramatischen Rede. Die situative und prinzipielle Leistung lässt sich exemplarisch an unserer Textstelle demonstrieren: **Und so ergriff mich die Gewalt, bereitete / Mir Ketten, wo ich Schutz gehofft** (V. 942 f.). Besonders anschaulich wird der abstrakte Terminus ›Gewalt‹ zum handlungsmächtigen Täter – die Subjektposition verstärkt diese Wirkung – und macht, gekoppelt mit der metaphorischen Amplifikation (**bereitete mir Ketten**), zusätzlich flankiert vom syntaktischen Parallelismus die Ohnmacht, die reale Heteronomie der Heldin deutlich. Häufig lassen sich auch Personifizierungen von Eigenschaften und Tätigkeiten finden, gekoppelt mit deren Substantivierung: **Der rohen Stärke blutiges Erkühnen** (V. 969). Zusätzliche Substantivierungen ohne

Personifizierung (**Ich kam herein als eine Bittende** statt ›bittend‹ [V. 939], **Ich bin die Schwache, sie die Mächt'ge** anstelle von ›schwach‹ und ›mächtig‹ [V. 961]) pointieren und abstrahieren die Aussage und erhöhen zugleich ihren pathetischen Stellenwert. Antonomasien, z. B. die Setzung eines Substantivs anstelle des Vornamens oder des Personalpronomens (**Ihr habt die Unversöhnliche verwundet** [V. 2461] etwa anstelle von ›sie‹ oder ›Elisabeth‹), produzieren jene zwischen Individuellem und Allgemeinem oszillierende Wirkung des Schiller'schen Stils.

Eine besonders intensive Technik der Veranschaulichung hat SCHILLER zur Darstellung seiner beiden Protagonistinnen gewählt. Maria wird z. B. mithilfe eines **Netzes von Feuermetaphern** gekennzeichnet.[109] Diese Metaphorik dient SCHILLER dazu, Marias Fähigkeit, **Passionen zu erfahren und zu entzünden,** zu verbildlichen. So wird z. B. ihre Liebe zu Bothwell von Kennedy als **der Wahnsinn blinder Liebesglut** (V. 325) bezeichnet. Bothwells Verführungskünste ›erhitzen‹ Maria (V. 331). Marias Wangen **glühten nur vom Feuer des Verlangens** (V. 341). Vor allem Personifikationen und Synekdochen dienen an dieser Textstelle dazu, die durch die Leidenschaft bewirkte Heteronomie der Heldin auszudrücken.

Später nennt Burleigh Maria **Die Ate dieses ew'gen Kriegs, die mit / Der Liebesfackel dieses Reich entzündet** (V. 1281 f.). Bereits in dem vorangegangenen Streitgespräch hatte Burleigh ihr die politische Ambition, Schottland und England unter einer Krone zu vereinen, vorgeworfen: **Auf schlimmem Weg verfolgtet Ihr dies Ziel, / Da Ihr das Reich entzünden, durch Flammen / Des Bürgerkriegs zum Throne steigen wolltet.** (V. 839 ff.) Ihre emotionale Situation kurz vor der Begegnung mit Elisabeth beschreibt Maria mit den Worten **Nichts lebt in mir in diesem Augenblick / Als meiner Leiden brennendes Gefühl** (V. 2182 f.) und ihr Ausbruch gegenüber Elisabeth erfolgt **von Zorn glühend** (S. 78).

Auch das an diese Szene anschließende Gespräch mit Mortimer ist voll von ›glühenden‹ Metaphern. Diesen – hier nur auszugsweise zusammengestellten – Metaphern der ›Sinnlichkeit‹ stehen aufseiten Elisabeths Metaphern der beherrschten oder verdrängten Gefühle gegenüber. Maria entlarvt z. B. Elisabeths ›Tugendhaftigkeit‹ als verdrängten ›Schein‹: **Weh Euch, wenn sie von Euren Taten einst / Den Ehrenmantel zieht, womit Ihr gleißend / Die wilde Glut verstohlener Lüste deckt** (V. 2427 ff.). Die Starre von Elisabeths Charakterpanzer, ihre verdrängte Sinnlichkeit wird zusätzlich durch die Allegorie der Minneburg dargestellt: Elisabeth wird als **die keusche Festung,** die vom **Verlangen / Berennt wird** beschrieben (V. 1083 ff.) Dennoch herrscht die Hell-Dunkel-Metaphorik vor. Lichtfeindlich wird Elisabeth aufgezogen **in des Towers Nacht** (V. 1381), während Maria **geblendet ward [...] von der Laster Glanz** (V. 1393). Auch diese Beispiele ließen sich beliebig vermehren: Vom Eingeständnis Elisabeths gegenüber Mortimer, den sie zum Mord verleiten will: **Bei solchen Taten doppelter Gestalt / Gibt's keinen Schutz als in der Dunkelheit** (V. 1607 f.) bis zu ihrem Wunsch **Will es nicht Abend werden?** (V. 3876 f.). Beide konträren Bildbereiche – einmal beschreibt Maria den Gegensatz zwischen sich und Elisabeth als den zwischen **Feu'r und Wasser** (V. 2202) – dienen SCHILLER zur Veranschaulichung des ideellen Gegensatzes beider Figuren.

Sentenz

Die Sentenz steht im Dienst der Reflexion, der abstrakten, allgemeinen Kennzeichnung und Kommentierung des konkreten dramatischen Geschehens. Sie bezieht im gelungenen Fall das individuelle Geschehen auf das ihm zugrunde liegende allgemeine Gesetz und verwirklicht in dieser Relation das klassische Ideal der ›schönen‹ Schreibart. Zugleich wird durch die ›Unterbrechung‹ der Handlungsfolge die ästhetische Freiheit des Rezipienten gewahrt. Die folgende Textstelle kann exemplarisch SCHILLERS Sentenzentechnik in *MARIA STUART* demonstrieren helfen. Diese besonders beeindruckende, dramatisch funktionale ›Sentenzenklimax‹ führt Talbot in dem großen Beratungsgespräch mit Elisabeth, Burleigh und Leicester vor (II, 3):

> **Nicht Stimmenmehrheit ist des Rechtes Probe, / England ist nicht die Welt, dein Parlament / Nicht der Verein der menschlichen Geschlechter. / Dies heut'ge England ist das künft'ge nicht, / Wie's das vergangne nicht mehr ist – Wie sich / Die Neigung anders wendet, also steigt / Und fällt des *Urteils* wandelbare Woge. (V. 1323 ff.)**

Am hohen Stil – inhaltlich angemessen – ist kein Zweifel. Argumentativ überzeugend ist die sich entwickelnde Dialektik des Allgemeinen und Einzelnen, des historisch Kontingenten und human Ewigen, die in die Erkenntnis der Historizität jeder nicht verallgemeinerungsfähigen Rechtsposition mündet. Zugleich ist Talbots Stellungnahme – typisch für den klassischen Stil SCHILLERS – als Figurenrede situativ eingebettet in die dramatische Gesprächssituation und an einen idealen, eines ›humanen‹ Urteils fähigen Rezipienten gerichtet! Eine ästhetische Demonstration konsensfähiger Ethik, die ›historisch‹ erfolglos blieb, aber als ästhetische Utopie ihre realpolitische Verwirklichung einfordert. Selbst an einem scheinbar nur stilistischen Detailproblem zeigt sich SCHILLERS Ziel einer ästhetischen Erziehung des Menschen!

4 Zur Rezeptionsgeschichte

Die Rezeptionsgeschichte von *Maria Stuart* ist von einer doppelten Diskrepanz geprägt: Der Beliebtheit auf dem Theater steht eine schwankende Deutungsgeschichte, der Schiller'schen Intention eine Geschichte allerdings paradigmatischer Missverständnisse gegenüber.

Zeitgenössische Kritik

Schiller selbst zeigte sich über die Uraufführung am 14. Juni 1800 höchst zufrieden. In einem Brief vom 15. Juni 1800 an den Schauspieler Heinrich Becker schreibt er:

> **Die gestrige Vorstellung ist ein vortreffliches Ganzes gewesen, und ich kann Ihnen nicht genug sagen, wie anständig, würdig und bedeutungsvoll es sich dargestellt hat. Wir dürfen keck jede andre deutsche Bühne herausfordern, eine solche Vorstellung zu geben, als die gestrige war.**

Zugleich diagnostiziert er im gleichen Brief eine überfordernde Länge der Uraufführung: **Sie kommen diesen Vormittag vielleicht einen Augenblick zu mir, wo wir zusammen überlegen wollen, wie die künftigen Repräsentationen noch um eine Viertelstunde verkürzt werden können.** Auch Goethes Urteil zeigt distanzierte Zufriedenheit. In einem Brief an Schiller vom 15. Juni 1800 schreibt er: **Man hatte alle Ursache, mit der Aufführung sehr zufrieden zu sein, so wie das ganze Stück mich außerordentlich erfreut hat.** Zum Teil massive Ablehnung dagegen lässt Wieland erkennen, der unmittelbar nach der Uraufführung zu den Schauspielern gesagt haben soll: **Eure *Maria Stuart* mag ich nicht leiden; wenigstens gehe ich gewiß künftig jedesmal heraus, wenn die Beichte kommt.** Gerade Beicht- und Abendmahlsszene, also die poetische Lesart des religiösen Ritus, stieß auf ideologische Rezeptionsbarrieren. In einer Rezension der ***Göttingischen Anzeigen von gelehrten Sachen*** vom 8. Juni 1801 wird diese Ablehnung begründet:

> **Mißbilligen müssen wir es aber sehr, daß Maria im fünften Akte auf dem Theater beichtet, die Absolution erhält und die Communion empfängt, wobei die Einsetzungsworte ausgesprochen werden, weil es nicht fehlen kann, daß die Vorstellung auf dem Theater von einer Handlung, die zu dem feierlichsten Kultus der drei Religions-Parteien gehört, die Anhänger dieser drei Parteien beleidigen muß.**

Aber auch die beiden Protagonistinnen widerstreiten der bürgerlichen, moralisierenden Rezeptionserwartung. Z. B. verwandelt sich Elisabeths gigantisches Schicksal [...] in diesem Trauerspiel in die *kleinliche Leidenschaft eines elenden Weibes*, dem es zwar nicht an Bosheit, wohl aber an Mut fehlt, boshaft zu scheinen, und das sich deswegen hinter Vorbehalte versteckt, die jeder durchschauen kann. Nur ein Senfkörnchen Gerechtigkeit oder Großmut in die Seele der Elisabeth gelegt, und die ganze Tragödie kommt um ihre Existenz.

In der gleichen Rezension, die anlässlich der Berliner Uraufführung (8.1.1801) in der Aprilausgabe der *Eunomia* erschien, wird beklagt, dass der Dichter den Charakter Marias durch die Erzählung **ältherer Thatsachen [...] in ein so abscheuliches Licht** stelle. Schließlich wird auch die Szene zwischen Maria und Mortimer (III, 6) moralischer Wertung unterzogen. In den schon zitierten *Göttingischen Anzeigen* heißt es dazu:

Mortimer ist freylich feurig verliebt, aber in der Scene, wo er dieses am meisten zeigt, will er Marien Gewalt anthun. Die verzweiflungsvolle Lage, in welcher er sich befindet, hat den Eindruck des höchst Indelicaten in seinem Betragen bey uns nicht weggewischt.

Neben den mehr inhaltlichen Vorbehalten finden sich auch formal-ästhetische. Die Vorwürfe historischer Ungenauigkeit und mangelnder Tragik verfehlen deutlich SCHILLERS Intention. In der *Eunomia* vom April 1801 heißt es dazu:

Das Tragische in dem Stoffe diese Trauerspiels [...] ist allerdings geeignet, durch rührende Situationen zu erschüttern, für den Augenblick zu interessieren und hinzureißen. – Aber die Form, in welcher der Stoff im Ganzen dargestellt wird, und die einzelnen, sich widerstrebenden Bestimmungen desselben lassen keinen Totaleindruck zu, den man aus der Vorstellung mit nach Hause nähme.

Nach Erscheinen des Erstdrucks – positive bis enthusiastische Wertungen kommen vorwiegend aus dem Freundeskreis – überwiegt die Kritik. Das inhaltlich und formal ›Moderne‹ des Dramas und dessen politisch-ästhetische Botschaft entzieht sich weitgehend der zeitgenössischen Betrachtung. Eine Art Summe aller negativen Vorbehalte zieht eine Rezension, die in der *Neuen Allgemeinen Deutschen Bibliothek* erschienen ist (69 [1802] 1. St., 3. H., S. 129–132). SCHILLERS Drama wird in das negativ gesehene Paradigma des zeitgenössischen Dramas eingeordnet. Zunächst wird SCHILLER implizit – als wäre er noch ein typischer Sturm-und-Drang-Dichter – der Vorwurf ideologischer und ästhetischer ›Regellosigkeit‹ gemacht:

Keine Regel, die aus den ewigen Gesetzen der Natur und anerkannten Meisterwerken abstrahirt, vor zeiten die zügellose Phantasie band, und jede Art und Kunst ihre Gränze anwies, die sie nicht zu überschreiten wagte, als um höherer Wahrheit und Schönheit willen, gilt mehr.

Das uns klassisch geltende Drama als Repräsentant einer als schockierend empfundenen Moderne!

Diesem deutlich konservativen, noch allgemein gefassten Vorwurf folgt dezidierter Tadel an der durchgängigen Heteronomie der Figuren und des dadurch bedingten Mangels an Tragik:

> **Die neueste tragische Kunst stellt Helden auf, deren Thätigkeit mehrentheils im Handeln wollen, in Empfindungen und langen – so Gott will, poetisch-schönen – Reden besteht; keiner von ihnen handelt sich aus seinen Unfällen heraus, sondern läßt sich die Nothwendigkeit treiben.**

An der sprachlichen Gestaltung werden die **schönen Phrasen und schönverbrämten Sentenzen [...] wort- und bilderreiche Tiraden und weitgesponnene Räsonnements** getadelt. Am Dialog **giebt die neueste tragische Kunst uns oft Deklamationen, Bilderkram und Reflexionswesen [...]**

Die abschließende Würdigung präzisiert und variiert den Vorwurf der Handlungsarmut der Fabel und der Figuren und gipfelt in dem Diktum: **Maria leidet nur, handelt durchaus nicht.** Im Chor der zeitgenössischen Kritik tritt der spätaufklärerisch-konservativen vor allem die frühromantische an die Seite, freilich nicht unisono. Neben JEAN PAUL ist es vor allem CAROLINE SCHLEGEL, die in einem Brief an AUGUST WILHELM SCHLEGEL vom 7. Mai 1801 ihrem Herzen polemisch Luft macht:

> **Du hast eine schlechte Sache zu verteidigen gehabt, wie Du gegen Tieck über *Maria Stuart* strittest. [...] Die wenigen lyrischen Stellen sind hübsch – o ja – aber mit dem Ganzen schlecht verbunden. Das Interesse für Maria ist durchgehends zu sehr geschwächt, es sieht aus, als sollte das objektiv gemeint sein, aber es ist nichts Echtes damit, bloß nachgemachte Patent-Objektivität. Denken kann ich mir wohl, daß es sich auf dem Theater ganz gut macht. Die Szene, wo Melvil sein priesterlich Haupt entblößt, ist eine der vorzüglichsten und eine sehr gute Schlußerscheinung der Maria. [...] Das Politische darin hat auch die Deutlichkeit einer Deduktion nicht los werden können, und ich versichre Dich, ich habe bei dieser ersten Lektüre, wo die Neugierde mit geschäftig war, nicht einiger Langeweile entgehen können. – Wie fällt Mortimer mit seiner Katholizität wie mit der Tür ins Haus! Er müßte durchaus nicht psychologisch dartun, wie er katholisch geworden ist, sondern bloß mit Eifer aussprechen: ich bins. Ja, mein Freund, mir ist es ganz klar, daß alles poetische Drum und Dran dieses Stückes in der Summe keine Poesie macht.**

Im Gegensatz dazu lobt AUGUST WILHELM SCHLEGEL, obwohl er das **Gezänk der beiden Königinnen** und Mortimers leidenschaftliche **Ausbrüche** moniert, die **Kunstfertigkeit** des Dramas und die **würdigen religiösen Eindrücke** der letzten Maria-Szenen.[110]

Die moralischen, religiösen und ästhetischen Vorwürfe waren von recht handfesten Zensurmaßnahmen begleitet. Sie setzten noch zu Lebzeiten

Schillers ein und betrafen vor allem religiöse und politische Vorbehalte. Besonders die Beicht- und Abendmahlsszene, der Bericht Leicesters über die Hinrichtung Marias und die Hinrichtung selbst erregten im politisch sensibilisierten Ancien régime Anstoß. So wurde *Maria Stuart* kurz nach ihrem Erscheinen im Bereich der gesamten Monarchie verboten.

Das 19. Jahrhundert

Drei neue Richtungen der Kritik bestimmen die Rezeption des Dramas in diesem Jahrhundert. Die Liquidierung des angeblich unpolitischen, idealistischen Dramatikers im Namen der politischen Ästhetik des Jungen Deutschlands, die Domestizierung seiner Dramen zu psychologisierenden Charakterdramen und die Ablehnung aus ›realistischer‹ Perspektive. So rühmt Christian Dietrich Grabbe zwar die **Wahrheit und Natur** der **Zancszene** der beiden Königinnen und konzediert Schiller ein **echtes Lebensbild** gegeben zu haben, tadelt aber, dass es dem Dichter **beliebt** habe, **nicht die großen Nothwendigkeits- und Weltverhältnisse, welche Elisabeth leiteten, zum Hebel seiner Tragödie zu machen, sondern er hat die Handlung in einen engen Kreis von kleinlicher Intrigue und Eifersucht gebannt.**[111]

Die Entpolitisierung und Psychologisierung des Dramas setzt bereits bei den Epigonen ein. So spricht August Graf von Platen von der **himmlischen Kraft und Anmut der Diktion** und stellt fest, **daß besonders die Charakterschilderung eine ausgezeichnete Aufmerksamkeit verdiene.** In Fontanes *Causerien über Theater* werden nur Attribute der Figuren und ihre Darsteller thematisiert und Paul Heyse korrigiert pathetisch sein bisheriges Urteil über Schillers Drama:

> **Wir selbst müssen uns der Sünde ziehen, *Maria Stuart* für ein unhistorisches Werk, für eine Tragödie der Phrase gehalten zu haben, während es uns von nun an für ein schlagendes Charakterstück gelten wird, vielleicht nächst dem *Wallenstein* für Schillers größte dramatische Produktion.**[112]

Ein Beispiel der Kritik am mangelnden Realismus des Stückes liefert schließlich Otto Ludwig, der Schiller ›Fehler‹ und ›Dummheiten‹ vorrechnet. Vor allem die ungenügende und unwahrscheinliche Motivation von Elisabeths Handeln empört ihn. Außerdem lehnt er die vor allem durch die Liedeinlagen und die Sprache bewirkte Tendenz ab, **dem Drama etwas Pomphaftes, Opernartiges zu verleihen.**[113]

Auch das ästhetische Kredo des Naturalismus verhinderte eine hermeneutisch adäquate Annäherung. Parallel zu der eben skizzierten literarischen Rezeptionsreihe wird der ›Mensch‹ Schiller, bei fast gänzlicher Vernachlässigung des Autors, zu einer nationalen Kultfigur hochstilisiert. Ende der dreißiger Jahre etabliert sich jene unsägliche, von Schillerlocken, Schillerbonbons, Gedenkmünzen, Weihereden und anderen Devotionalien flankierte, an die Klimax der Schiller-Geburtstage gereihte biografische Popularisierung, tendenziöse Politisierung und Nationalisierung eines Klassikers, die relativ unabhängig von der Rezeption seiner Werke verlief. Mit diesem Kult und der Negativität der intellektuellen Rezeption kontrastiert die Häufigkeit der Aufführungen. Am Wiener Burgtheater wurde *Maria Stuart* – Schiller ist einer der meistgespielten Autoren dieser Zeit – in der Zeit von 1814 bis 1875 144-mal, am königlichen Theater in Berlin von 1801 bis 1885 268-mal gespielt.

Das 20. Jahrhundert

Auch diese Epoche ist durch die Diskrepanz zwischen theatralischer Beliebtheit und relativer Ablehnung durch die Kritik gekennzeichnet. Die germanistische Rezeption favorisiert jetzt nach langen Wegen und Umwegen die sozialgeschichtliche Vorgehensweise, das Theater entdeckt zu Beginn der siebziger Jahre in beeindruckenden Variationen die politische und manchmal die nur tagespolitische Dimension des Dramas. Neben einer journalistischen Nazigroteske, einem **Lehrstück politischer Instrumentalisierung von Literatur**[114], dürfen Brechts und Hildesheimers produktive Auseinandersetzungen mit dem Drama eine rezeptionsgeschichtliche Sonderstellung beanspruchen. Hildesheimer karikiert und desillusioniert in sarkastischer Weise das Sterben Marias. Im Dialog mit ihrem Henker – Maria selbst spricht, besser betet fast ausschließlich Latein – präsentiert der Autor den königlichen Tod als allzu menschlichen. Die bis zum Jargon reichende Sprache des Henkers, seine fast besorgte Routine machen das Sterben zu einem eher banalen Akt. Die Darstellung der Figuren und ihre Sprache entziehen dem Geschehen die idealisierende Würde des Schiller'schen Erlösungspathos. Brecht wiederum versucht durch die ›Übertragung‹ in ein ›prosaisches Milieu‹ eine ›Verfremdung der klassischen Szenen‹ zu erreichen:

> **Diese Szenen werden auf unsern Theatern längst nicht mehr auf die Vorgänge hin gespielt, sondern nur auf Temperamentsausbrüche hin, welche die Vorgänge ermöglichen. Die Übertragungen stellen das Interesse an den Vorgängen wieder her und schaffen beim Schauspieler außerdem ein frisches Interesse an der Stilisierung und der Verssprache der Originale, als etwas Besonderem, Hinzukommendem.**[115]

Brechts als ›Übungsstück für Schauspieler‹ geplante Bearbeitung versucht legitimerweise, die durch Theatralik verschüttete inhaltliche Problematik wiederzugewinnen. Für die humanisierende Wirkung einer ästhetischen Utopie konnte der Wirkungsästhetiker Brecht kein Verständnis aufbringen. So bleibt das Schiller'sche Drama ein Refugium der ästhetischen Utopie, deren Verwirklichung die Ästhetik überflüssig machen könnte.

Unterrichtshilfen

1 Didaktische Aspekte

Die klassischen Dramen Schillers sind – will man den Versuch einer hermeneutisch adäquaten Interpretation nicht von vornherein unterlaufen – an ein bestimmtes Rezeptionsniveau gebunden. Die in ihnen realisierte, theoretisch vielfach von Schiller erörterte ›Idealisierkunst‹ erschwert bzw. verbietet eine unmittelbare Begegnung. Der im Sinne Schillers ›humane‹ Gehalt auch seiner *Maria Stuart* sollte auch nicht ohne Not einer allzu eifrigen und kurzschlüssigen Scheinaktualisierung geopfert werden: Dichtung ist für Schiller der einzig mögliche Versuch einer politisch-ästhetischen Korrektur der ›Moderne‹. Eine privatisierende, ästhetisierende und flach politisierende Interpretation müsste gerade dieses utopische Moment des Dramas unterschlagen. Übernimmt man diesen Gesichtspunkt als Quintessenz einer didaktischen Sachanalyse, so ergeben sich notwendige Konsequenzen:

– die Komplexität und Schwierigkeit des ›Stoffes‹ lassen sich wohl am ehesten in den Jahrgängen der Oberstufe darstellen;
– die Intention der Schiller'schen Dramatik verlangt die Einbeziehung seiner ästhetischen Theorie;
– die ästhetische Theorie Schillers fordert die Analyse der historischen Kontexte literarischer und sozialgeschichtlicher Art.

Für die schulische Arbeit mit Schillers Drama – speziell in den Grund- und Leistungskursen – ergibt sich folgerichtig eine Fülle zusammenhängender und nach Bedarf erweiterungsfähiger Lernzielgruppen. Die vier wichtigsten Lernzielbereiche – in allen Lehrplänen aller Bundesländer ausgewiesen – seien im Folgenden genannt. Man kann sich *Maria Stuart* nähern:

– typologisch: *Maria Stuart* als Exemplar des ›tektonischen‹ Dramas bzw. des ›Geschichtsdramas‹
– historisch: *Maria Stuart* als Drama der Epoche der deutschen Klassik
– thematisch: *Maria Stuart* als Drama humaner Autonomie
– methodisch: *Maria Stuart* als Sujet verschiedener Interpretationsmethoden

Natürlich sind alle Lernzielbereiche bei jeder Interpretation einzubeziehen, dennoch werden die genannten Lernzielbereiche mit unterschiedlicher Intensität in Grund- und Leistungskursen behandelt werden müssen. Der ›methodische‹ Bereich z. B. dürfte eher den Leistungskursen vorbehalten bleiben.

Trotz der thematischen, sprachlichen und historischen Komplexität des Dramas ergibt sich ein zusätzlicher interpretatorischer Zugang speziell für die 10. Jahrgangsstufe. Hier bietet sich Schillers Drama an als Lehrstück für die literarische Charakteristik. Die trotz ›Idealisierung‹ personale Nähe der Figuren, ihre deutliche ›charakterliche‹ Antithetik, die konkrete Motiviertheit der Figuren dürften gerade Schülern dieser Jahrgangsstufe eine affektive Begegnung ermöglichen. Die persönliche Betroffenheit über das Schicksal einer unschuldig

Hingerichteten, die durch die tragische Ironie der Handlungsstruktur erzeugte ›Spannung‹ garantieren eine vor allem an die eigene Lebenswirklichkeit der Schüler und ihr Rechtsempfinden anschließbare Unterrichtsmotivation.

2 Unterrichtsreihen

Die genannten sachdidaktischen Prämissen und die daraus abgeleiteten Lernzielbereiche lassen mehrere Unterrichtssequenzen sinnvoll und informativ erscheinen.

Im Rahmen einer die Typologie des Dramas in den Vordergrund stellenden Unterrichtssequenz bietet sich die kontrastive Reihe *Maria Stuart*, Büchners *Woyzeck* und Brechts *Guter Mensch von Sezuan* an. An Stoffwahl, Thematik, Struktur, Figurenzeichnung und Sprache dieser Dramen lassen sich die typologischen Differenzen des ›geschlossenen‹, ›offenen‹ und ›epischen‹ Dramentypus und ihre kontextuellen Voraussetzungen aufschlussreich demonstrieren.

Zielt man speziell auf den Typus des Geschichtsdramas, so dürften sich *Dantons Tod* von Büchner und der Vergleich beider Geschichts- und Menschenbilder und ihrer im Drama poetisierten Strukturen als didaktisch und methodisch besonders fruchtbar erweisen.

Der Versuch, *Maria Stuart* als repräsentatives Drama der deutschen Klassik zu lesen, könnte auf mehrere Arten im Unterricht realisiert werden. Zwei Möglichkeiten bieten sich besonders an. Im Vergleich mit Goethes *Iphigenie* zeigen sich zwei ›klassische‹ Lesarten einer historischen Epoche. Schillers *Maria Stuart* als Beispiel real scheiternder, doch utopisch triumphierender ›Moral‹ steht das mythologische Paradigma der zeitlosen ›Menschlichkeit‹ gegenüber. Schiller verschreibt seiner Epoche die Therapie einer ›ästhetischen Erziehung‹, Goethe zeigt seiner Epoche die mythische Gegenwart einer siegreichen Humanität. Als zweite Variante – sie ergibt sich fast zwangsläufig aus Schillers ästhetischer Theorie – ließe sich die Lektüre der *Maria Stuart* mit der von Auszügen aus den Briefen *Über die ästhetische Erziehung des Menschen*, *Über das Pathetische* und *Über das Erhabene* koppeln (s. Material 3, 4 und 9). Die Rolle der Dichtung und Ästhetik bei der ›Neuformulierung‹ der bürgerlichen Gesellschaft nach der Französischen Revolution träte so in den Vordergrund.

Als Drama menschlicher – auch spezifisch weiblicher – Autonomie ist die schon im Rahmen einer typologischen Reihenbildung vorgeschlagene Folge *Maria Stuart*, *Woyzeck* und *Der gute Mensch von Sezuan* erwähnenswert. Die epochenspezifischen Kontraste von Autonomie und gesellschaftlichem Determinismus in den Dramen ließen sich natürlich auch im Kontrast mit Beispielen des realistischen Dramas – z. B. *Maria Magdalena* oder *Agnes Bernauer* von Hebbel – darstellen. Gerade Hebbels ›Pantragismus‹ ist in gewissem Sinn eine Antwort auf den humanen ›Optimismus‹ der deutschen Klassik.

Schließlich lassen sich noch die Möglichkeiten einer paradigmatischen Kontrastierung mit moderneren Varianten der Stoffgeschichte nutzen. Als besonders ergiebig einzuschätzen ist neben Wolfgang Hildesheimers ›historischer

Szene‹ *Maria Stuart (1971)* vor allem Brechts Auseinandersetzung mit Schiller aus der Perspektive des epischen Theaters. »Der Streit der Fischweiber« aus seinen *Übungsstücken für Schauspieler (1939)* ist eine direkte ›Antwort‹ auf die Kernszene der Schiller'schen Tragödie (s. Material 10). Zwei historisch und funktional differente Theaterkonzepte lassen sich so fruchtbar vergleichen.

3 Unterrichtssequenz

Maria Stuart ist von der Grundstruktur der ›tragischen Analysis‹ geprägt. Trotz zu erwartender inhaltlicher und sprachlicher Schwierigkeiten sollte daher das ganze Drama vor der Besprechung gelesen sein. Eine Vertiefung der Probleme und Fragestellungen verlangt dennoch immer wieder häusliche Präparation einzelner Akte und Szenen.

Dramatische Texte sind auf theatralische Realisierung hin angelegt. Es gibt mehrere Videofassungen des Schiller'schen Dramas, die neben und nach der häuslichen Lektüre didaktisch sinnvoll eingesetzt werden können.

Die Logik des möglichen Interpretationsablaufes sei kurz skizziert:

Die Stunden 1–15 – wobei der Einstieg für den Grundkurs zwanglos auch einstündig erfolgen kann – sind für beide Kursarten konzipiert. Die folgenden 6 Doppelstunden versuchen den Anforderungen des Leistungskurses gerecht zu werden. In den meisten Stunden werden scheinbar allzu viele Vorschläge gemacht. Selbstverständlich ist hier die ordnende Hand des Kursleiters gefragt. Die Freiheit, weniger die Qual der Wahl soll damit ermöglicht werden.

Die erste Doppelstunde versucht Vorurteile und Stereotype über die Epoche der Weimarer Klassik zu operationalisieren. Die folgenden Stunden haben das Ziel, Text- und Autorintention wechselseitig zu erschließen. Inhalt und Aufbau, die Funktion der Figuren, die sprachlich-formale Struktur und das Thema des Textes werden erörtert (3.–12. Stunde). Abschließend versucht die letzte Doppelstunde Schillers ›Idealisierkunst‹ kritisierbar zu machen. Die letzte Stunde dient der Saldierung des Geleisteten und damit – hoffentlich – einer gerechteren Betrachtung der deutschen Klassik.

Die ersten beiden für den Leistungskurs konzipierten Stunden erörtern das kontextuelle Umfeld der Epoche. Ihre Durchführung sollte, wenn möglich – auch vom Grundkursleiter angestrebt werden. Die Stunden 3 und 4 präzisieren das klassische Autonomie-Ideal näher und die letzte Unterrichtseinheit (5./6. Stunde) schlägt mit einem Vergleich Schillers und Brechts historisch, typologisch und ideologisch die Brücke zu der wohl bekanntesten Spielart der dramatischen Moderne.

Schillers ästhetische Konzeption erfordert sachlogisch die Einbeziehung wichtiger theoretischer Texte. Einige werden im Materialienteil aufgeführt. Ihre Lektüre – vor allem im Leistungskurs – scheint unverzichtbar. Sie ermöglichen es dem jeweiligen Kursleiter – ohne Zwang – der hohen Komplexität des Schiller'schen Textes zu ›antworten‹, zugleich verschiedene textanalytische und interpretatorische Methoden einzuüben und die Unterrichtseinheiten ohne langes Suchen nach Ergänzungstexten zu bestreiten. Zugleich wächst die Möglichkeit variantenreichere Hausaufgaben zu stellen.

Verwendete Abkürzungen:

A	= Alternative Themen- oder Aufgabenstellung	PA	= Partnerarbeit
GA	= Gruppenarbeit	PRO	= Produktionsorientierte Aufgabenstellung
GK	= Grundkurs	SV	= Schülervortrag
HA	= Hausaufgabe	TA	= Tafelanschrieb
KRef	= Kurzreferat	UG	= Unterrichtsgespräch
LK	= Leistungskurs		

Stunden	Thema	Didaktische Aspekte (Inhalte/Ziele)	Methodische Realisierung/ Verlauf
1./2. GK/ LK	Begegnung mit einem Klassiker – Problem der hermeneutischen Differenz	Für den GK genügen wohl die Lernziele 1 und 3. Der Leistungskurs sollte das volle Programm realisieren. 1. Die Differenz von subjektivem Erleben und kultureller Norm 2. Objektivierung des Gelesenen und des Vorurteils 3. Reflexion der eigenen Position	1. TA: Assoziationsübung zum Begriff Klassik bzw. zum Namen Schiller A: Assoziationsübung: An welches Wort, welche Sentenz, welche Eigenschaft des Textes erinnern Sie sich? Was gefällt, was missfällt? A: Kleines Klassikquiz: Biografien (Schiller, Goethe), Werke, Zitate. Konkrete, aber interessante Fragen, z. B.: Vorname Fausts? A: Maria-Stuart-Quiz: Fragen nach Inhalt, Thema, Figuren, Zitaten usw.
3./4. GK/ LK	Inhalt und Aufbau (1)	1. Auswertung der HA 2. Dramen der Klassik 3. Das Verhältnis von Titel und Thema 4. Die Elemente Ort und Zeit	1. Vorstellen der HA 2. UG: – Welche Titel Schiller'scher und/oder Goethe'scher Dramen kennen Sie? – Welche Thematik bzw. welchen Inhalt erwarten Sie in Bezug auf diese Titel? – Warum wählt Schiller als Titel den Namen einer Figur? 3. PRO: Suchen Sie für die Thematik *Maria Stuarts* einen sprechenden Titel. Begründen Sie Ihre Wahl.

	Hausaufgabe
2. PRO: Offener Brief an den Autor »Sehr geehrter Herr Schiller! Zu Ihrem Drama möchte ich Ihnen einiges sagen …« Auf Thema/Inhalt, Intention, Figuren, Konflikt, Sprache sollte eingegangen werden. 3. UG/TA: Austausch und Auswertung – Was wird positiv, negativ oder fragwürdig gesehen? – Welche Arbeitshypothesen über den Text ergeben sich?	KRef: Vorläufiges Plädoyer für/gegen die Lektüre von Klassikern
4. a) UG: – An welchen Orten spielt Schillers Tragödie? – Wie hängt die Wahl des Ortes mit der jeweils behandelten Thematik zusammen? – Wie sieht Maria Fotheringhay (III, 1)? b) KRef: Die Chronik der historischen Ereignisse: Zeittafel (Quelle: Kap. 2.1) c) GA/UG: – Stellen Sie in einer vergleichenden Grafik den historischen und ›poetischen‹ Zeitverlauf des Geschehens dar (V. 578 – V. 846 – V. 2059 f. – V. 2130 – V. 3876 f.)! – An wie vielen Tagen spielt *Maria Stuart*? – Warum hat Schiller die historischen Daten geändert?	Verfassen Sie eine knappe Inhaltsangabe des Dramas.

Stunden	Thema	Didaktische Aspekte (Inhalte/Ziele)	Methodische Realisierung/ Verlauf
5./6. GK/ LK	Inhalt und Aufbau (2)	1. Die Logik der dramatischen Fabel 2. Die Elemente des dramatischen Geschehens 3. Das Verhältnis von Fabel und tektonischem Aufbau 4. ›Tragische Analysis‹ und Thematik	1. SV/UG: Vorstellen der HA 2. GA: Ausgeben eines Arbeitsblattes, das nur die kursiv gesetzten Einträge des unten stehenden Schemas enthält. Vervollständigen Sie das Handlungsschema. 3. UG: – Kann man Haupt- und Nebenhandlungen unterscheiden? Welche? – Wie sind Maria- und -Elisabeth-Handlung auf die einzelnen Akte verteilt?

Handlungsschema

	1. Akt	*2. Akt*
Figuren	Paulet, Kennedy, Maria, Mortimer, Burleigh	Davison, Kent, Elisabeth, Aubespine, Bellievre, Burleigh, Talbot, Leicester, Paulet, Mortimer
Handlung	Aufbrechen der Schränke, Vorgeschichte Marias, Mortimers Angebot, Verkündung des Urteils durch Burleigh, Dialog Maria–Burleigh über die Legitimität des Urteils	Vorbereitung von Elisabeths Auftritt, Verlobungspläne Elisabeths, Verhandlung des Staatsrats über die Vollstreckung des Urteils, Mordkomplott, Schmieden von Rettungsplänen durch Mortimer und Leicester, Einverständnis Elisabeths zum Treffen mit Maria
Ort	Fotheringhay	Palast zu Westminster
Funktion	Exposition	Steigerung

	Hausaufgabe
Welche Wirkung entsteht dadurch beim Leser/Zuschauer? – Welche dramatische Funktion erfüllt der Streit der Königinnen? – Mortimer, Leicester und Shrewsbury (IV, 9) wollen Marias Hinrichtung verhindern? Wie? Was erreichen sie stattdessen? – An welchen Stellen des Dramas tauchen Monologe auf? Welche Aufgabe erfüllen sie? – Welche Funktion erfüllen die einzelnen Akte? Vervollständigen Sie das Arbeitsblatt. 4. UG: – Warum wählt Schiller den Typ des analytischen Dramas? – Welche grundsätzlichen Eigenschaften fordert der tektonische Dramentypus? – Warum hält sich Schiller relativ streng an die Vorgaben des tektonischen Dramas?	KRef: Schiller lässt das Geschehen mit der Verurteilung Marias beginnen (V. 578 ff.). Weshalb? Was könnte das eigentliche Thema des Dramas sein? Lesen Sie dazu den Auszug aus Schillers Schrift *Über das Pathetische* (Mat. 3).

3. Akt	*4. Akt*	*5. Akt*
Maria, Kennedy, Paulet, Shrewsbury, Elisabeth, Leicester, Mortimer, Okelly	Aubespine, Kent, Leicester, Burleigh, Davison, Mortimer, Elisabeth, Kent, Shrewsbury	Kennedy, Melvil, Kurl, Burgoyn, Maria, Burleigh, Paulet, Leicester, Elisabeth, Shrewsbury, Davison, Kent
Maria zwischen Furcht und Hoffnung, das Treffen der Königinnen, Mortimers Befreiungsplan und sein Geständnis, Meldung vom Scheitern des Anschlags durch Okelly	Aufdeckung der Verschwörung und Beschuldigung Leicesters durch Burleigh, Selbstmord Mortimers nach dem Verrat Leicesters, Leicesters Rehabilitation, Volksauflauf, Diskussion des Staatsrats über das Todesurteil, Widerstand Shrewsburys, Unterzeichnung des Urteils	Maria in der Nacht vor der Hinrichtung, Kurls Geständnis seiner Falschaussage, Marias ›königliches‹ Auftreten, Beichtgespräch, Abholung Marias zur Hinrichtung durch Burleigh und Leicester, Vollstreckung des Todesurteils, Elisabeths moralische ›Vernichtung‹, Leicester **zu Schiff nach Frankreich**
Fotheringhay	Westminster	Fotheringhay, Westminster
Peripetie	retardierendes Moment	Katastrophe

Stunden	Thema	Didaktische Aspekte (Inhalte/Ziele)	Methodische Realisierung/ Verlauf
7./8. GK/ LK	Die Figuren – Modelle sittlichen Verhaltens	1. Auswertung der HA: Der sittlich handelnde Mensch als Gegenstand des Dramas 2. Maria Stuart und Elisabeth als Projektionsfiguren 3. Die Konfiguration 4. Der Konflikt der Protagonistinnen	1. Vorstellen der HA 2. PRO: Vergleichen Sie die beiden historischen Porträts (Mat. 2). Inwieweit ähneln bzw. weichen sie von Ihren – durch die Lektüre des Dramas geprägten – Erwartungen ab? 3. GA: Geben Sie in einem grafischen Modell die Hauptfiguren und ihre Beziehungen wieder. Beachten Sie dabei auch den sozialen Rang und die privaten Beziehungen der Figuren.
9./10. GK/ LK	Schillers Humanitätsbegriff	1. Auswertung der HA 2. Marias Schuld 3. Die Wandlung Marias 4. Der Freiheitsbegriff Elisabeths	1. Vorstellen der HA 2. I, 2; I, 7; V, 7 – Worin besteht Marias moralische Schuld? – Was wirft ihr Burleigh juristisch vor? Mit Recht? – Welche Schuld beichtet Maria Melvil? 3. I, 4; I, 6; I, 8; III, 3–6; V, 1; V, 6–7 – Verändert sich Maria im Verlauf des Dramas? – Kann man von einer Entwicklung sprechen? – Welche Stufen kann man unterscheiden? – Warum gestaltet Schiller Marias Tod zu einer ›religiösen Feier‹ aus?

Hausaufgabe

TA

Maria Stuart		**Elisabeth**
	Leicester	Burleigh
	Shrewsbury	
Mortimer		

PRO: Verfassen Sie einen Tagebucheintrag über die Begegnung aus der Sicht Marias bzw. Elisabeths.

4. a) GA/TA: Welche Eigenschaften besitzen Maria und Elisabeth aus der Sicht der anderen Figuren des Dramas, z. B. Mortimers, Leicesters, Burleighs oder Shrewsburys?
b) UG: III, 4:
– Worin besteht der Konflikt zwischen Maria und Elisabeth?
– Wie schätzen sich die Rivalinnen politisch und privat ein?
– Was bewirkt die Anwesenheit Leicesters bei der Begegnung?
– Kann Elisabeth nachgeben?
– Warum fühlt sich Maria nach der Auseinandersetzung befreit?
– Wer siegt Ihrer Meinung nach in diesem Wettkampf?
– Welche moralischen Haltungen vertreten Maria bzw. Elisabeth?
– Schiller hat die Begegnung der Königinnen erfunden. Warum?

4. GA/UG: III, 10
– Um welches Thema geht es in diesem Monolog?
– Wie löst Elisabeth den Konflikt zwischen Notwendigkeit und freiem Wollen?
– Durch welche Notwendigkeiten sieht sich Elisabeth ›genötigt‹?
– Welchen Freiheitsbegriff hat Elisabeth?
– Vergleichen Sie ihn mit dem Freiheitsbegriff Maria Stuarts.
– Warum wählt Schiller die Form des Monologs?

KRef: *Über das Erhabene* (Mat. 4)
1. Worin besteht das Wesen des Menschen?
2. Welcher Widerspruch konstituiert es?
3. Welche Arten von Gewalt bedrohen den Menschen?
4. Welche Lösungsmöglichkeiten im Vorgehen gegen die Gewalt sieht Schiller?
5. Wie unterscheiden sich Schönheit und Erhabenheit in Bezug auf den Widerspruch von Sinnlichkeit und Vernunft?
6. Wie sind Maria und Elisabeth nach Schillers Menschenbild einzuordnen?

Stunden	Thema	Didaktische Aspekte (Inhalte/Ziele)	Methodische Realisierung/ Verlauf
11./12. GK/ LK	Funktion der Nebenfiguren	1. Auswertung der HA 2. Burleigh und Shrewsbury 3. Leicester und Mortimer 4. Schillers Figurenkonzept	1. Vorstellen der HA

	Hausaufgabe

TA

MENSCH als sittlich *autonomes* Wesen
steht im Grundkonflikt zwischen:

Sinnlichkeit/ Trieb führt zu INHUMANITÄT		Vernunft führt zu ERHABENHEIT/ WÜRDE
	Versöhnung führt zu SCHÖNHEIT/ ANMUT	

Übertragen Sie Elisabeths Monolog (III, 10, V. 319–3210) in Alltagsprosa.

2. GA/UG: II, 3; IV, 9
– Entwerfen Sie eine knappe Charakteristik von Burleigh und Shrewsbury.
– Wie bewerten beide das Problem der Hinrichtung?
– In welchen Punkten unterscheiden sie sich?
– Wie steht Shrewsbury zu Maria?
– Warum legt Shrewsbury sein Amt nieder?
– Der historische Shrewsbury war nie Lordsiegelbewahrer. Welche Funktion erfüllt er im Drama?
3. GA/UG: I, 6; II, 8; III, 6; IV, 4; V, 10
– In welchen Charaktereigenschaften unterscheiden sich Mortimer und Leicester?
Vervollständigen Sie die Tabelle. Gehen Sie auf direkte und indirekte Charakterisierungen ein.

Mortimer	*Leicester*
impulsiv	berechnend
...	...
usw.	usw.

– Warum lässt Schiller Mortimer – eine unhistorische Figur – sterben?
– Weshalb gerade durch Leicesters Schuld?
4. UG:
– Welche ethischen Prinzipien vertreten die vier Nebenfiguren?
– Diskutieren Sie, inwieweit sie den Protagonistinnen entsprechen/widersprechen.
– Sind die untersuchten Figuren eher Individuen oder Ideenträger?
– Entwickelt sich eine dieser Figuren?

Stunden	Thema	Didaktische Aspekte (Inhalte/Ziele)	Methodische Realisierung/ Verlauf
13./14. GK/ LK	Idealisierungs-kunst	1. Auswertung der HA 2. Schillers Stiltheorie 3. Die Merkmale der klassischen Literatursprache 4. Aufgabe der Dichtung	1. UG: Vorstellen der HA – Welche Wirkung ergibt die starke Rhetorisierung? – Was bewirkt Ihrer Meinung nach die Poetisierung durch den Blankvers? 2. GA/TA: Brief Schillers an Goethe vom 24. 11. 1797 (Mat. 5) – Bestimmen Sie das Thema des Briefes. – Wie sieht Schiller das Verhältnis von Stoff und Form, Inhalt und Darstellung? – Was bedeutet in diesem Text der Begriff ›Rhythmus‹? – Warum soll sich alles **unter dem Geschlechtsbegriff des Poetischen** vereinen?
15. GK/ LK	Klassik heute?	1. Auswertung der HA 2. Streitgespräch: Klassik in der Schule?	1. Vorstellen der HA
1./2. LK	Schiller als Diagnostiker seiner Zeit – Französische Revolution und Dichtung	Einfügen nach der ersten Doppelstunde 1. Klassik als Antwort auf die Französische Revolution 2. Textanalyse eines argumentativen Textes	1. GA/PA: Schillers Brief an den Herzog von Augustenburg vom 13. 7. 1793 (Mat. 7): Textanalyse – Wie ist Schillers Brief gegliedert? – Welches Thema erörtert Schiller? – Wie bewertet Schiller die Ergebnisse der Französischen Revolution? – Warum würde er **von den Musen Abschied nehmen?** – Worin besteht der Unterschied zwischen bürgerlicher und menschlicher Freiheit?

Hausaufgabe

3. GA/TA: III, 4
– Untersuchen Sie den Monolog nach
  Lautfiguren
  Wortfiguren
  Satzfiguren
  Gedankenfiguren
  Wortwahl
  Satzbau
  Stilart
  Stilhöhe
– Welche Stilmittel sind am häufigsten vertreten?
– Was leisten diese Stilisierungen in Bezug auf die angesprochene Thematik?
– Warum wirkt der Text nicht immer leicht verständlich?
4. UG:
– Warum gebraucht Schiller häufig Sentenzen?
– Welche Aufgabe haben die zahlreichen Epitheta ornantia?
– Sind die einzelnen Figuren durch ihren Idiolekt/Soziolekt unterscheidbar?
– Hat Schiller Ihrer Meinung nach sein eigenes Wirkungsziel erreicht (vgl. Brief an Goethe vom 24. 11. 1797)?

KRef: Brief Georg Büchners an die Familie vom 28. 7. 1835 (Mat. 6)
Fassen Sie die Argumentation Büchners gegen die so genannten ›Idealdichter‹ zusammen. Teilen Sie seine Auffassungen?

TA

Thesen	*Büchners*	gegen	*Schiller:*
	Realismus		Idealismus
	…		…
	usw.		usw.

2. UG: Podiumsgespräch für und gegen die Klassik.

– Welche sozialen Übel kennzeichnen nach Schiller die Gesellschaft seiner Zeit?
– Worin bestehen die Schranken der Aufklärung?
– Welche Veränderung will Schiller bewirken?
– Welche Instanz soll diese Veränderung bewirken und wie?
2. UG/TA: Diskussion und Zusammenfassung

Ergebnisprotokoll

Stunden	Thema	Didaktische Aspekte (Inhalte/Ziele)	Methodische Realisierung/ Verlauf
3./4. LK	Dürfen Dichter lügen?	1. Die historische Wahrheit 2. Die poetische Wahrheit 3. Ziel des Geschichtsdramas	1. GA: Letzter Brief Maria Stuarts an Königin Elisabeth am 19. 12. 1586 (Mat. 8) – Wie sehen Sie Maria Stuart im Lichte dieses Briefes? – Vergleichen Sie Ihre Eindrücke mit der Figur im Drama. – Welche Daten hat Schiller geändert? – Was könnte er damit beabsichtigt haben?
5./6. LK	Schiller im modernen Gewand	Einfügen nach der 13./14. Stunde GK/LK 1. Klassisches und episches Theater 2. Ein ›episches Missverständnis‹?	1. a) UG: Welche Modernisierungen könnten Sie sich vorstellen? b) GA: Brechts »Streit der Fischweiber« (Mat. 10) Brecht transformierte berühmte Theaterstücke zu *Übungsstücken für Schauspieler*.

4 Klausurvorschläge

Grundkurs

1. a) Leicesters Verhältnis zu Maria,
   b) die Figur Mortimers,
   c) die Begegnung der beiden Königinnen
   sind Erfindungen Schillers.
   Untersuchen Sie die dramatische Funktion von a, b oder c.
2. Zwei Staatsmänner: Burleigh und Shrewsbury
   Nach welchen Grundsätzen handeln sie, welche Ziele verfolgen sie und welche Mittel setzen sie dabei ein?
3. Untersuchen Sie Elisabeths großen Monolog (IV, 10).
   a) Ordnen Sie ihn knapp in den Textzusammenhang ein.
   b) Beschreiben Sie den gedanklichen Aufbau, sprachliche Mittel und ihre Funktion.
   c) Beurteilen Sie Elisabeths Handeln.
4. Entwerfen Sie eine Rede, in der Elisabeth ihren Entschluss zur Hinrichtung Maria Stuarts begründet.
5. Schiller wird von Nietzsche als ein ›Moraltrompeter‹ bezeichnet. Äußern Sie sich dazu kritisch.

	Hausaufgabe
2. GA/TA/UG: Geschichtliche und poetische Wahrheit (Mat. 9) – Welches Thema erörtert Schiller in diesem Text? – Warum kann der Dichter auf die historische Wahrheit verzichten? – Worin besteht das Geheimnis der ästhetischen Wirkung? – Was ist das Hauptthema aller künstlerischen Darstellung? 3. UG: – Wie beurteilen Sie Schillers Deutung von geschichtlicher und poetischer Wahrheit? – Worin sehen Sie die mögliche Aufgabe eines Geschichtsdramas? – Peter Weiss (1916–1982) hat im Jahr 1965 ein Dokumentarstück über Auschwitz veröffentlicht mit dem Titel *Die Ermittlung. Oratorium in elf Gesängen.* Halten Sie bei einem solchen Thema poetische Freiheiten für erlaubt?	Hätte Schiller den Schluss von Maria Stuart ändern dürfen/sollen? Begründen Sie Ihre jeweilige Meinung.
– Können Sie sich vorstellen, was er damit bezweckte? – Welche inhaltlichen Entsprechungen zwischen Schillers Szene (III, 4) und Brecht stellen Sie fest? Erstellen Sie eine Tabelle. – Wie unterscheiden sich die Szenen sprachlich/stilistisch? – Was hat Brecht mit dieser Transformation bewirkt? – Hat Brecht die Schiller'sche Intention verstanden? c) PRO: Schreiben Sie – als Schiller – dem sehr verehrten Bertolt Brecht einen kritischen Brief. A: PRO: Schreiben Sie die Brecht'schen Szenen im Stil Schillers um. Welche Wirkung können Sie beobachten?	

6. Entwerfen Sie eine Inhaltsangabe des Dramas aus der Sicht Maria Stuarts.
7. Texterörterung (Mat. 11):
   Analysieren Sie Dürrenmatts Meinung und nehmen Sie dazu aus Schillers Sicht kritisch Stellung.

Leistungskurs

1. Interpretieren Sie die Begegnungsszene (III, 4) und ihre Bedeutung für das Gesamtdrama.
2. **Ihr seid zu Eurer Königin Triumph, zu ihrem Tode nicht gekommen.** (V, 6 [V. 3496 f.])
   Erläutern Sie diese Feststellung Marias und beziehen Sie sie auf Schillers Konzept der ›Erhabenheit‹.
3. Untersuchen Sie Elisabeths großen Monolog (IV, 10).
   a) Ordnen Sie ihn knapp in den Textzusammenhang ein.
   b) Beschreiben Sie den gedanklichen Aufbau, sprachliche Mittel und ihre Funktion.
   c) Beurteilen Sie Elisabeths Handeln im Rückblick auf IV, 9 (V. 3139–3165).

4. Schillers Sprache und Stil wurden häufig als nur rhetorisch kritisiert. Bestimmen Sie an ausgewählten Beispielen Leistung und Funktion der Schiller'schen ›Idealisierungskunst‹.
5. Entwerfen Sie die Fabel einer modernen Maria Stuart und erläutern Sie Ihre Änderungen.
6. Texterörterung (Mat. 6):
   Analysieren Sie Büchners Thesen und nehmen Sie dazu kritisch Stellung.
7. Entwerfen Sie eine komische Lösung des Streits der Königinnen.
8. Verfassen Sie eine Art Lebensbilanz Elisabeths.
9. Halten Sie Maria Stuart im Angesicht des Todes für ›glücklich‹? Wenn ja, begründen Sie Ihre These.

Genealogische Tafel

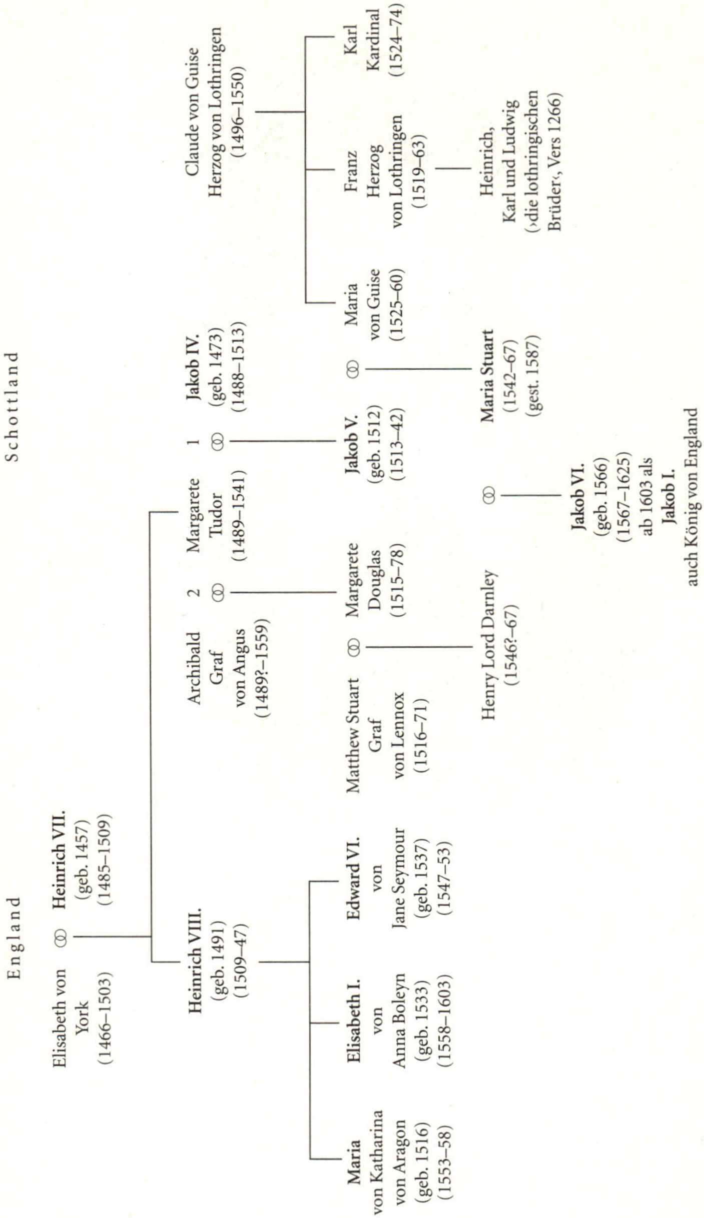

Maria Stuart
(© Süddeutscher Verlag, München)

Elisabeth I. von England
(© Süddeutscher Verlag, München)

Material 3 **Friedrich Schiller: Über das Pathetische,** Auszug

Darstellung des Leidens – als bloßen Leidens – ist niemals Zweck der Kunst, aber als Mittel zu ihrem Zweck ist sie derselben äußerst wichtig. Der letzte Zweck der Kunst ist die Darstellung des Übersinnlichen, und die tragische Kunst insbesondere bewerkstelligt dieses dadurch, daß sie uns die moralische Independenz von Naturgesetzen im Zustand des Affekts versinnlicht. Nur der Widerstand, den es gegen die Gewalt der Gefühle äußert, macht das freie Prinzip in uns kenntlich; der Widerstand aber kann nur nach der Stärke des Angriffs geschätzt werden. Soll sich also die Intelligenz im Menschen als eine von der Natur unabhängige Kraft offenbaren, so muß die Natur ihre ganze Macht erst vor unsern Augen bewiesen haben. Das Sinnenwesen muß tief und heftig leiden; Pathos muß da sein, damit das Vernunftwesen seine Unabhängigkeit kundtun und sich handelnd darstellen könne. [...] Das erste Gesetz der tragischen Kunst war Darstellung der leidenden Natur. Das zweite ist Darstellung des moralischen Widerstandes gegen das Leiden. Der, welcher einem Schmerz zum Raube wird, ist bloß ein gequältes Tier, kein leidender Mensch mehr; denn von dem Menschen wird schlechterdings ein moralischer Widerstand gegen das Leiden gefordert, durch den allein sich das Prinzip der Freiheit in ihm, die Intelligenz, kenntlich machen kann. [...]

(aus: SW 5, S. 190–214)

Material 4 **Friedrich Schiller: Über das Erhabene,** Auszug

»Kein Mensch muß müssen« sagt der Jude Nathan zum Derwisch, und dieses Wort ist in einem weiteren Umfange wahr, als man demselben vielleicht einräumen möchte. Der Wille ist der Geschlechtscharakter des Menschen, und die Vernunft selbst ist nur die ewige Regel desselben. Vernünftig handelt die ganze Natur; sein Prärogativ ist bloß, daß er mit Bewußtsein und Willen vernünftig handelt. Alle andere Dinge müssen; der Mensch ist das Wesen, welches will.

Eben deswegen ist des Menschen nichts so unwürdig, als Gewalt zu erleiden, denn Gewalt hebt ihn auf. Wer sie uns antut, macht uns nichts Geringeres als die Menschheit streitig; wer sie feigerweise erleidet, wirft seine Menschheit hinweg.

Aber dieser Anspruch auf absolute Befreiung von allem, was Gewalt ist, scheint ein Wesen vorauszusetzen, welches Macht genug besitzt, jede andere Macht von sich abzutreiben. Findet er sich in einem Wesen, welches im Reich der Kräfte nicht den obersten Rang behauptet, so entsteht daraus ein unglücklicher Widerspruch zwischen dem Trieb und dem Vermögen. In diesem Falle befindet sich der Mensch. [...]

Die Kultur soll den Menschen in Freiheit setzen und ihm dazu behilflich sein, seinen ganzen Begriff zu erfüllen. Sie soll ihn also fähig machen, seinen Willen zu behaupten, denn der Mensch ist das Wesen, welches will.

Dies ist auf zweierlei Weise möglich. Entweder *realistisch,* wenn der Mensch der Gewalt Gewalt entgegensetzt, wenn er als Natur die Natur beherrschet; oder *idealistisch,* wenn er aus der Natur heraustritt und so, in Rücksicht auf sich, den Begriff der Gewalt vernichtet. Was ihm zu dem ersten verhilft, heißt physische Kultur. Der Mensch bildet seinen Verstand und seine sinnlichen Kräfte aus, um die Naturkräfte nach ihren eigenen Gesetzen entweder zu Werkzeugen seines Willens zu machen oder sich vor ihren Wirkungen, die er nicht lenken kann, in Sicherheit zu setzen. Aber die Kräfte der Natur lassen sich nur bis auf einen gewissen Punkt beherrschen oder abwehren; über diesen Punkt hinaus entziehen sie sich der Macht des Menschen und unterwerfen ihn der ihrigen. Jetzt also wäre es um seine Freiheit getan,

wenn er keiner andern als physischen Kultur fähig wäre. Er soll aber ohne Ausnahme Mensch sein, also in keinem Fall etwas *gegen* seinen Willen erleiden. Kann er also den physischen Kräften keine verhältnismäßige physische Kraft mehr entgegensetzen, so bleibt ihm, um keine Gewalt zu erleiden, nichts anderes übrig als: *ein Verhältnis,* welches ihm so nachteilig ist, *ganz und gar aufzuheben* und eine Gewalt, die er der Tat nach erleiden muß, *dem Begriff nach zu vernichten.* Eine Gewalt dem Begriffe nach vernichten, heißt aber nichts anders, als sich derselben freiwillig unterwerfen. Die Kultur, die ihn dazu geschickt macht, heißt die moralische. [...]
Zwei Genien sind es, die uns die Natur zu Begleitern durchs Leben gab. Der eine, gesellig und hold, verkürzt uns durch sein munteres Spiel die mühvolle Reise, macht uns die Fesseln der Notwendigkeit leicht und führt uns unter Freude und Scherz bis an die gefährlichen Stellen, wo wir als reine Geister handeln und alles Körperliche ablegen müssen, bis zur Erkenntnis der Wahrheit und zur Ausübung der Pflicht. [...]
In dem ersten dieser Genien erkennet man das Gefühl des Schönen, in dem zweiten das Gefühl des Erhabenen. Zwar ist schon das Schöne ein Ausdruck der Freiheit, aber nicht derjenigen, welche uns über die Macht der Natur erhebt und von allem körperlichen Einfluß entbindet, sondern derjenigen, welche wir innerhalb der Natur als Menschen genießen. Wir fühlen uns frei bei der Schönheit, weil die sinnlichen Triebe mit dem Gesetz der Vernunft harmonieren; wir fühlen uns frei beim Erhabenen, weil die sinnlichen Triebe auf die Gesetzgebung der Vernunft keinen Einfluß haben, weil der Geist hier handelt, als ob er unter keinen andern als seinen eigenen Gesetzen stünde. [...]

(aus: SW 5, S. 215–230)

Material 5

Friedrich Schiller: Brief an Goethe vom 24. November 1797

Ich habe noch nie so augenscheinlich mich überzeugt, als bei meinem jetzigen Geschäft, wie genau in der Poesie Stoff und Form, selbst äußere, zusammenhängen. Seitdem ich meine prosaische Sprache in eine poetisch-rhythmische verwandle, befinde ich mich unter einer ganz anderen Gerichtsbarkeit als vorher; selbst viele Motive, die in der prosaischen Ausführung recht gut am Platz zu stehen schienen, kann ich jetzt nicht mehr brauchen; sie waren bloß gut für den gewöhnlichen Hausverstand, dessen Organ die Prosa zu sein scheint; aber der Vers fordert schlechterdings Beziehungen auf die Einbildungskraft, und so mußte ich auch in mehreren meiner Motive poetischer werden. Man sollte wirklich alles, was sich über das Gemeine erheben muß, in Versen, wenigstens anfänglich, konzipieren, denn das Platte kommt nirgends so ins Licht, als wenn es in gebundener Schreibart ausgesprochen wird. Bei meinen gegenwärtigen Arbeiten hat sich mir eine Bemerkung angeboten, die Sie vielleicht auch schon gemacht haben. Es scheint, daß ein Teil des poetischen Interesse in dem Antagonism zwischen dem Inhalt und der Darstellung liegt: ist der Inhalt sehr poetisch-bedeutend, so kann eine magre Darstellung und eine bis zum Gemeinen gehende Einfalt des Ausdrucks ihm recht wohl anstehen, da im Gegenteil ein unpoetischer gemeiner Inhalt, wie er in einem größern Ganzen oft nötig wird, durch den belebten und reichen Ausdruck poetische Dignität erhält. Dies ist auch meines Erachtens der Fall, wo der Schmuck, den Aristoteles fordert, eintreten muß, denn in einem poetischen Werke soll nichts Gemeines sein. Der Rhythmus leistet bei einer dramatischen Produktion noch dieses Große und Bedeutende, daß er, indem er alle Charaktere und alle Situationen nach einem Gesetz behandelt und sie, trotz ihres innern Unterschiedes, in einer Form ausführt, dadurch den Dichter und seinen Leser nötiget, von allem noch so charakteristisch Verschiedenen, etwas Allgemeines, rein Menschliches zu verlangen. Alles soll sich in dem Geschlechtsbegriff des Poetischen vereinigen, und diesem Gesetz dient der Rhythmus sowohl zum Repräsentanten als zum Werkzeug, da er alles unter seinem Gesetze begreift. Er bildet auf diese Weise die Atmosphäre für die poetische Schöpfung, das Gröbere bleibt zurück, nur das Geistige kann von diesem dünnen Elemente getragen werden.

(aus: Schillers Briefe. Ausgewählt und erläutert von Karl-Heinz Hahn. Bd. 2, S. 157 ff.)

Material 6

Georg Büchner: Brief an die Familie vom 28. Juli 1835

[...] der dramatische Dichter ist in meinen Augen nichts, als ein Geschichtsschreiber, steht aber *über* Letzterem dadurch, daß er uns die Geschichte zum zweiten Mal erschafft und uns gleich unmittelbar, statt eine trockne Erzählung zu geben, in das Leben einer Zeit hinein versetzt, uns statt Charakteristiken Charaktere, und statt Beschreibungen Gestalten gibt. Seine höchste Aufgabe ist, der Geschichte, wie sie sich wirklich begeben, so nahe als möglich zu kommen. Sein Buch darf weder *sittlicher* noch *unsittlicher* sein, als die *Geschichte selbst;* aber die Geschichte ist vom lieben Herrgott nicht zu einer Lectüre für junge Frauenzimmer geschaffen worden, und da ist es mir auch nicht übel zu nehmen, wenn mein Drama ebensowenig dazu geeignet ist. Ich kann doch aus einem Danton und den Banditen der Revolution nicht Tugendhelden machen! Wenn ich ihre Liederlichkeit schildern wollte, so mußte ich sie eben liederlich sein, wenn ich ihre Gottlosigkeit zeigen wollte, so mußte ich sie eben wie Atheisten sprechen lassen. Wenn einige unanständige Ausdrücke vorkommen, so denke man an die weltbekannte, obscöne Sprache der damaligen Zeit, wovon das, was ich meine Leute sagen lasse, nur ein schwacher Abriß ist. Man könnte mir nur noch vorwerfen, daß ich einen solchen Stoff gewählt hätte. Aber der Einwurf ist längst widerlegt. Wollte man ihn gelten lassen, so müßten die größten Meisterwerke der Poesie verworfen werden. Der Dichter ist kein Lehrer der Moral, er erfindet und schafft Gestalten, er macht vergangene Zeiten wieder aufleben, und die Leute mögen dann daraus lernen, so gut, wie aus dem Studium der Geschichte und der Beobachtung dessen, was im menschlichen Leben um sie herum vorgeht. Wenn man *so* wollte, dürfte man keine Geschichte studieren, weil sehr viele unmoralische Dinge darin erzählt werden, müßte mit verbundenen Augen über die Gasse gehen, weil man sonst Unanständigkeiten sehen könnte, und müßte über einen Gott Zeter schreien, der eine Welt erschaffen, worauf so viele Liederlichkeiten vorfallen. Wenn man mir übrigens noch sagen wollte, der Dichter müsse die Welt nicht zeigen wie sie ist, sondern wie sie sein solle, so antworte ich, daß ich es nicht besser machen will, als der liebe Gott, der die Welt gewiß gemacht hat, wie sie sein soll. Was noch die sogenannten Idealdichter anbetrifft, so finde ich, daß sie fast nichts als Marionetten mit himmelblauen Nasen und affectirtem Pathos, aber nicht Menschen von Fleisch und Blut gegeben haben, deren Leid und Freude mich mitempfinden macht, und deren Thun und Handeln mir Abscheu oder Bewunderung einflößt. Mit einem Wort, ich halte viel auf Goethe oder Shakespeare, aber sehr wenig auf Schiller. Daß übrigens noch die ungünstigsten Kritiken erscheinen werden, versteht sich von selbst; denn die Regierungen müssen doch durch ihre bezahlten Schreiber beweisen lassen, daß ihre Gegner Dummköpfe oder unsittliche Menschen sind. Ich halte übrigens mein

Werk keineswegs für vollkommen, und ich werde jede wahrhaft ästhetische Kritik mit Dank annehmen. [...]

(aus: Georg Büchner: Sämtliche Werke und Briefe. Hrsg. von Werner R. Lehmann. Bd. 2. Hamburg 1971, S. 443 f.)

Material 7

FRIEDRICH SCHILLER: Brief an den Herzog von Augustenburg vom 13. Juli 1793, Auszug

Aber sollte ich von der Freiheit, die mir von Ew. Durchlaucht verstattet wird, nicht vielleicht einen bessern Gebrauch machen können, als Ihnen meine Ideen von Schönheit und schöner Kunst vorzulegen? Ist es nicht außer der Zeit, sich um die Bedürfnisse der ästhetischen Welt zu bekümmern, wo die Angelegenheiten der politischen ein so viel näheres Interesse darbieten? [...]
Ich liebe die Kunst und was mit ihr zusammenhängt über alles, und meine Neigung, ich bekenne es, gibt ihr vor jeder andern Beschäftigung des Geistes den Vorzug. Aber es kömmt hier nicht darauf an, was die Kunst *mir* ist, sondern wie sie sich gegen den menschlichen Geist überhaupt, und insbesondere gegen die Zeit verhält, in der ich mich zu Ihrem Sachwalter aufwerfe. [...]
Wäre das Faktum wahr, – wäre der außerordentliche Fall wirklich eingetreten, daß die politische Gesetzgebung der Vernunft übertragen, der Mensch als Selbstzweck respektiert und behandelt, das Gesetz auf den Thron erhoben, und wahre Freiheit zur Grundlage des Staatsgebäudes gemacht worden, so wollte ich auf ewig von den Musen Abschied nehmen, und dem herrlichsten aller Kunstwerke, der Monarchie der Vernunft, alle meine Tätigkeit widmen. Aber dieses Faktum ist es eben, was ich zu bezweifeln wage. Ja, ich bin so weit entfernt, an den Anfang einer Regeneration im Politischen zu glauben, daß mir die Ereignisse der Zeit vielmehr alle Hoffnungen dazu auf Jahrhunderte benehmen. Der Versuch des französischen Volks, sich in seine heiligen Menschenrechte einzusetzen, und eine politische Freiheit zu erringen, hat bloß das Unvermögen und die Unwürdigkeit desselben an den Tag gebracht, und nicht nur dieses unglückliche Volk, sondern mit ihm auch einen beträchtlichen Teil Europens, und ein ganzes Jahrhundert, in Barbarei und Knechtschaft zurückgeschleudert. Der Moment war der günstigste, aber er fand eine verderbte Generation, die ihn nicht wert war, und weder zu würdigen noch zu benutzen wußte. Der Gebrauch, den sie von diesem großen Geschenk des Zufalls macht und gemacht hat, beweist unwidersprechlich, daß das Menschengeschlecht der vormundschaftlichen Gewalt noch nicht entwachsen ist, daß das liberale Regiment der Vernunft da noch zu frühe kommt, wo man kaum damit fertig wird, sich der brutalen Gewalt der Tierheit zu erwehren, und daß derjenige noch nicht reif ist zur *bürgerlichen* Freiheit, dem noch so vieles zur *menschlichen* fehlt.
In seinen Taten malt sich der Mensch – und was für ein Bild ist das, das sich im Spiegel der jetzigen Zeit uns darstellt?
Hier die empörendste Verwilderung, dort das entgegengesetzte Extrem der Erschlaffung: die zwei traurigsten Verirrungen, in die der Menschencharakter versinken kann, in *einer* Epoche vereint! In den niedern Klassen sehen wir nichts als rohe gesetzlose Triebe, die sich nach aufgehobenem Band der bürgerlichen Ordnung entfesseln, und mit unlenksamer Wut ihrer tierischen Befriedigung zueilen. Es war also nicht der moralische Widerstand von innen, bloß die Zwangsgewalt von außen, was bisher ihren Ausbruch zurückhielt. Es waren also nicht freie Menschen, die der Staat unterdrückt hatte, nein, es waren bloß wilde Tiere, die er an heilsame Ketten legte.

Hätte der Staat die Menschheit wirklich unterdrückt, wie man ihm schuld gibt, so müßte man Menschheit sehen, nachdem er zertrümmert worden ist. Aber der Nachlaß der *äußern* Unterdrückung macht nur die *innere* sichtbar, und der wilde Despotismus der Triebe heckt alle jene Untaten aus, *die* uns in gleichem Grad anekeln und schaudern machen. Auf der andern Seite geben uns die zivilisierten Klassen den noch widrigeren Anblick der Erschlaffung, der Geistesschwäche, und einer Versunkenheit des Charakters, die um so empörender ist, je mehr die Kultur selbst daran teilhat. Ich erinnere mich nicht mehr, welcher alte oder neue Philosoph die Bemerkung machte, daß das Edlere in seiner Verderbnis das Abscheulichere sei, aber die Erfahrung bestätigt sie auch hier. Wenn die Kultur ausartet, so geht sie in eine weit bösartigere Verderbnis über, als die Barbarei je erfahren kann. Der sinnliche Mensch kann nicht tiefer als zum Tier herabstürzen; fällt aber der aufgeklärte, so fällt er bis zum Teuflischen herab, und treibt ein ruchloses Spiel mit dem Heiligsten der Menschheit [...] Und so sehen wir den Geist der Zeit zwischen Barbarei und Schlaffheit, Freigeisterei und Aberglauben, Roheit und Verzärtelung schwanken, und es ist bloß das *Gleichgewicht der Laster*, was das Ganze noch zusammenhält [...]

Das dringendere Bedürfnis unseres Zeitalters scheint mir die Veredelung der Gefühle und die sittliche Reinigung des Willens zu sein, denn für die Aufklärung des Verstandes ist schon sehr viel getan worden. Es fehlt uns nicht sowohl an der Kenntnis der Wahrheit und des Rechts, als an der Wirksamkeit dieser Erkenntnis zu Bestimmung des Willens, nicht sowohl an Licht als an Wärme, nicht sowohl an philosophischer als an ästhetischer Kultur. Diese letztere halte ich für das wirksamste Instrument der Charakterbildung, und zugleich für dasjenige, welches von dem politischen Zustand vollkommen unabhängig, und also auch ohne Hülfe des Staats zu erhalten ist. Und hier ist nun, Gnädigster Prinz, wo die Kunst und der Geschmack ihre bildende Hand an den Menschen legen; und ihren veredelnden Einfluß beweisen. Die Künste des Schönen und Erhabenen beleben, üben und verfeinern das Empfindungsvermögen, sie erheben den Geist von den groben Vergnügungen des Stoffes zum reinen Wohlgefallen an bloßen Formen, und gewöhnen ihn, auch in seine Genüsse Selbsttätigkeit zu mischen. Die wahre Verfeinerung der Gefühle besteht aber jederzeit darin, daß der höhern Natur des Menschen und dem göttlichen Teil seines Wesens, seiner Vernunft und seiner Freiheit, ein Anteil daran verschafft wird. [...]

(aus: Schillers Briefe. Hrsg. und mit Anmerkungen versehen von Fritz Jonas. Bd. 3, S. 329–339)

Material 8

Letzter Brief Maria Stuarts an Königin Elisabeth

Fotheringhay, am 19. Dezember 1586

Gnädige Frau!

Ich habe von jenen, in deren Hände Ihr mich gegeben habt, die Ermächtigung nicht erlangen können, Euch selbst darzulegen, was ich auf dem Herzen habe, sowohl um mich von dem Vorwurf zu entlasten irgend bösen Willens oder des Gelüsts, Grausames oder Feindseligkeit zu planen gegen mir Blutsverwandte, wie auch um Euch liebevoll übermitteln zu können, was mir zu Eurem eigenen Schutz und Heil dienlich schien, wie auch zur Bewahrung des Friedens dieser Insel – die Verwirklichung dieser Absicht hätte wohl nicht schädlich sein können, da es ja bei Euch stand, meinen Rat anzunehmen oder zu verwerfen, meinen Ausführungen Glauben zu schenken oder zu mißtrauen, wie immer es Euch günstig dünkte. Also will ich nun einzig in

Jesus Christus Stärkung suchen, welcher denen, die ihn anrufen in der Heimsuchung aus ehrlichem Herzen, immerdar Gerechtigkeit widerfahren läßt und Tröstung zuwendet, zumal wenn sie, bar menschlichen Beistandes, einzig Seinem heiligen Schutz überantwortet sind. Des sei er gerühmt. Er hat meine Zuversicht nicht enttäuscht und mir Kraft und Tapferkeit verliehen, in spe contra spem, um die unrechten Verleumdungen, Anklagen und Bemakelungen zu ertragen von seiten derer, denen es wohl kaum zusteht, über mich Gericht zu halten, und in unwandelbarer Festigkeit ergeben den Tod zu erleiden, um der Macht und des Bestandes willen der römisch-katholischen und apostolischen Kirche. Da mir nun seither nach Eurem Beschluß der Schiedsspruch Eures Staatsrates verkündet worden ist und ich durch Lord Buckhorst und Lord Beale angehalten worden bin, mich vorzubereiten auf das Ende meiner langen und gramvollen Pilgerschaft, ersuchte ich diese, Euch in meinem Namen für so genehme Nachricht zu danken und Euch zu bitten, mir in einigen Punkten zu willfahren zur Erleichterung meines Gewissens. Von der Gewährung durch Euch hat Sir Paulet mich inzwischen verständigt, mein Säckelmeister wurde mir zurückgegeben samt dem Geld, das mir genommen worden war, mit der Versicherung, daß Fehlendes nachgeliefert werde. Hierfür möchte ich Euch Dank sagen, darüber hinaus eine letzte Gunst jedoch von Euch noch erbitten, die ich trotz anderer Möglichkeiten Euch nur persönlich namhaft machen wollte, weil es ein Letztes ist, das Ihr mir erweisen könntet, für das ich niemanden sonst verbunden sein möchte. Auch kann ich nicht hoffen, bei den Puritanern anderes als nur Härte zu finden, sie haben heute die größte Macht in Händen und sind meine unerbittlichsten Gegner: Gott weiß, in wessen Botmäßigkeit! Niemand will ich anklagen, allen aufrichtig vergeben, wie ich ersehne, daß man mir vergibt; vor allem Gott, der Herr.

Auch weil ich bedenke, daß Euch, mehr als irgendwem, Ehre oder Schimpf nahegehen muß, die Eurem Blute widerfahren, einer gekrönten Königin, Tochter von Königen: So lasset mich also von Euch erfragen, gnädige Frau, zu Jesu Ehren, dessen Namen alle Gewalten untertan sind, wollet verstatten, daß meine geschlagenen Diener gemeinsam, wenn meiner Widersacher dunkles Verlangen nach meinem schuldlosen Blut gestillet ist, meinen armen Leib forttragen dürfen, um ihn in geweihter Erde beizusetzen zu seiten meiner Vorfahren in Frankreich, zumal meiner seligen Mutter, der Königin, und in Anbetracht dessen, daß in Schottland die Reste meiner königlichen Ahnen geschändet, die Kirchen verunglimpft und zerstört worden sind und daß ich, hier in England zu Leid gebracht, nicht ruhen darf zu seiten Eurer Ahnen, die auch die meinen sind. Wichtig ist's überdies, nach den Satzungen unserer Religion, in geweihtem Grund zu ruhen. Und da mir zugetragen wurde, daß Ihr in nichts meinem Gewissen, meinem Glauben Gewalt antun wollt, mir sogar einen Priester zugestandet, hoffe ich, Ihr werdet diesen letzten Wunsch mir nicht abschlagen und wenigstens dem Leib ein freies Grab gewähren, dessen Geist von ihm gewichen sein wird, da Leib und Geist im Verein nie Freiheit erlangen konnten, im Frieden zu leben und um Euch Frieden zu schaffen. Dieserhalb will ich vor Gott Euch nicht schuldig sprechen, doch möge Gott nach meinem Endigen Euch der Wahrheit würdigen. Weil geheime Tyrannei mich ängstet einiger, in deren Macht Ihr mich gegeben habt, bitte ich Euch, nicht zulassen zu wollen, daß ich ohne Euer Wissen hingerichtet werde, nicht weil ich mich vor Marterung, die ich zu erdulden gewillt bin, fürchte, sondern wegen der Gerüchte, die entstehen müßten, geschähe meine Hinrichtung ohne glaubwürdige Zeugen, wie es öfter schon anderen Verurteilten verschiedensten Standes widerfuhr. Lasset daher meine Diener dem Ende

beiwohnen, damit sie mein gläubiges Scheiden bezeugen können; verstattet, daß sie nach der Urteilsvollstreckung meinen Leichnam gemeinsam forttragen, so geheim als immer erwünscht sein kann, daß man ihrem baldigen Aufbruch nichts in den Weg legt und ihnen nicht nimmt, was ich sterbend ihnen von mir noch belassener Habe vermachte, und was wenig genug ist als Lohn für ihre Treue. Ein mir von Euch geschenktes Schmuckstück darf ich Euch wohl mit meinen letzten Worten senden oder früher schon, wenn Ihr es so wünscht. Ich flehe Euch an, mir zu erlauben, ein Kleinod und Abschiedsworte meinem Sohn mit letztem Segen zukommen zu lassen; des Segens war er auf Eurer Anstiften beraubt, da er sich weigern mußte, in Verbindung mit mir zu treten. O des unseligen Beschlusses! Dies letzte sei Euch persönlich anheimgestellt und Eurem Gewissen. Die anderen Punkte bitte ich Euch, in Jesu Christi Namen, aus Ehrfurcht von unserer Blutsgemeinschaft und im Andenken an Heinrich VII., unseren Ahnherrn, und um der Ehre willen der uns verliehenen Würden und des uns gemeinsamen Geschlechtes, gewähren zu wollen.
Es will mir weiterhin scheinen, daß Ihr wohl wußtet, daß man mir meinen Hochsitz nahm in Eurem Namen und späterhin mitteilte, es sei nicht geschehen auf Euren Befehl, sondern nach Beschluß mehrerer Kronräte. Ich preise Gott, daß solche Grausamkeit, nur dazu dienend, Bosheit zuzufügen und mich noch zu peinigen, nachdem man mich zum Tode verurteilt hat, nicht von Euch gekommen ist. Ich fürchte, so mag es auch mit manchem anderen sein, weshalb man mir nicht hat gestatten wollen, Euch zu schreiben, vordem ich nicht, wenngleich dies zu bewerkstelligen in keines Menschen Macht steht, aller Hoheit und Auszeichnung entkleidet sei; es wurde mir bedeutet, ich sei nichts anders als irgendeine Verstorbene bar jeder Machtvollkommenheit.
Auch für dies sei Gott gelobt! Ich wünschte, daß meine gesamten Papiere Euch ohne jedwede Verschleierung vorgelegt worden wären, damit sich offenbart hätte, ob einzig Beflissenheit für Eure Sicherheit der Beweggrund des Handelns all jener war, die mich stets so mitleidlos verurteilten und verfolgten. Wenn Ihr meinen letzten Wunsch erfüllen wollet, so gebietet, daß ich mit eigenen Augen lese, was Ihr diesbezüglich schreibt. Andernfalls wird man willkürlich mit mir verfahren, und mir ist darum zu tun, Eure letzte Antwort auf meine letzte Bitte ohne Umschweife zu erfahren.
Zum Beschluß bete ich zu Gott, dem Barmherzigen und Gerechten, er möge Euch durch den heiligen Geist Erleuchtung schenken und mir die Gnade angedeihen lassen, ohne Bitternis zu verscheiden, wie ich es ersehne, und meinen Tod seinen Urhebern und Befürwortern vergeben. Dies wird meine Sorge sein bis zum Ende, das mir fast glücklich vorkommen will, da es mich enthebt, Zeuge sein zu müssen der Heimsuchungen, die diese Insel bedrohen, wird Gott in tieferer Wirklichkeit nicht gefürchtet und geliebt, werden Eitelkeit und weltliche Erwägung nicht bezähmt und bezwungen. Zeihet mich nicht der Überheblichkeit, wenn ich beim Verlassen dieser Welt, mich für eine bessere bereitend, Euch daran erinnere, daß ein Tag kommt, da von Euch Rechenschaft gefordert wird über Euer anvertrautes Amt und jene, die Euch vorgehen mußten aus den irdischen Grenzen.

Eure Schwester und Base, die widerrechtlich Gefangene.
Maria, Königin

(aus: Maria Stuart: Ich flehe, ich fordere, ich bekenne. Die Briefe der Königin. Hrsg. von Alastair. Stuttgart 1961, S. 106–109)

Friedrich Schiller: Über das Pathetische, Auszug

Material 9

Geschichtliche und künstlerische Wahrheit

Noch mehr wird man sich davon [von der Wirkung einer ästhetisch konzipierten Figur] überzeugen, wenn man nachdenkt, wie wenig die poetische Kraft des Eindrucks, den sittliche Charaktere oder Handlungen auf uns machen, von ihrer historischen Realität abhängt. Unser Wohlgefallen an idealischen Charakteren verliert nichts durch die Erinnerung, daß sie poetische Fiktionen sind, denn es ist die poetische, nicht die historische Wahrheit, auf welche alle ästhetische Wirkung sich gründet. Die poetische Wahrheit besteht aber nicht darin, daß etwas wirklich geschehen ist, sondern darin, daß es geschehen konnte, also in der innern Möglichkeit der Sache. Die ästhetische Kraft muß also schon in der vorgestellten Möglichkeit liegen. Selbst an wirklichen Begebenheiten historischer Personen ist nicht die Existenz, sondern das durch die Existenz kundgewordene Vermögen das Poetische. Der Umstand, daß diese Personen wirklich lebten, und daß diese Begebenheiten wirklich erfolgten, kann zwar sehr oft unser Vergnügen vermehren, aber mit einem fremdartigen Zusatz, der dem poetischen Eindruck viel mehr nachteilig als beförderlich ist. [...] Nur der Stümper borgt von dem Stoffe eine Kraft, die er in die Form zu legen verzweifelt. Die Poesie soll ihren Weg nicht durch die kalte Region des Gedächtnisses nehmen, soll nie die Gelehrsamkeit zu ihrer Auslegerin, nie den Eigennutz zu ihrem Fürsprecher machen. Sie soll das Herz treffen, weil sie aus dem Herzen floß, und nicht auf den Staatsbürger in dem Menschen, sondern auf den Menschen in dem Staatsbürger zielen.

(aus: SW 5, S. 211 f.)

Bertolt Brecht: Der Streit der Fischweiber

Material 10

(Zu Schillers »Maria Stuart«, III. Akt)

1

Straße. Frau Zwillich und ihr Nachbar auf dem Weg.

Frau Zwillich Nein, ich bring's nicht über mich, Herr Koch. Ich kann mich nicht so demütigen. Es ist mir nicht viel geblieben, aber meinen Stolz hab ich noch. Mit Fingern möchten sie auf mich deuten am Fischmarkt: das ist die, die der Scheit, diesem falschen Monstrum, die Schuh geleckt hat!

Herr Koch Sie dürfen nicht so aufgeregt sein, Frau Zwillich. Hin müssen sie zur Scheit. Wenn der ihr Neffe vor Gericht gegen Sie aussagt, kriegen Sie vier Monate hinaufgebrummt.

Frau Zwillich Aber ich hab nicht falsch ausgewogen, alles ist Lüge.

Herr Koch Natürlich, Frau Zwillich, wir wissen das, aber weiß es die Polizei? Die Scheit ist Ihnen an Schlauheit weit über. Der sind Sie nicht gewachsen.

Frau Zwillich Gemeine Tricks.

Herr Koch Kein Mensch sagt, daß es korrekt von der Scheit ist, Ihnen ihren sauberen Neffen auf den Hals zu schicken, daß er Ihnen eine Flunder abkauft und dann damit zum Polizisten geht, damit die auf der Polizei nachwiegen! Natürlich wissen sie auf der Polizei, daß die Scheit Sie nur als Konkurrenz loskriegen wollte. Aber an den zwei Pfund von der Flunder fehlte eben leider doch dieses verhängnisvolle Deka!

Frau Zwillich Weil ich beim Abwiegen mit dem Neffen geredet hab und nicht genau nachgewogen hab. Ich hab mich durch meine Freundlichkeit mit einem Kunden hineingebracht!

Herr Koch Ihre Freundlichkeit loben alle. Da ist nur eine Meinung.

Frau Zwillich Freilich sind die Kunden zu mir gegangen und nicht zu ihr. Weil ich aufmerksam bin und eine persönliche Not' hineinbring. Das hat sie wild gemacht. Aber daß ich nicht nur meinen Stand von der Gewerbepolizei abgenommen bekommen hab und nicht mehr verkaufen darf, daß mir der Neffe auf ihren Befehl auch noch ein Gerichtsverfahren aufhängt, das ist zuviel.

Herr Koch Und ganz vorsichtig müssen Sie noch sein, das sag ich Ihnen. Ganz vorsichtig. Wählen Sie Ihre Worte!

Frau Zwillich »Wählen Sie Ihre Worte!« Zu ihr! Weit ist es gekommen. Daß ich zu einer solchen dreckigen Person, wo ins Kriminal gehört wegen Ehrabschneidung, meine Worte wählen soll!

Herr Koch Sorgfältig! Es ist schon viel, daß sie erlaubt hat, daß ich Sie zu ihr bring, Frau Zwillich. Verderben Sie jetzt nicht wieder alles durch Ihr Temperament und Ihre berechtigte Empörung.

Frau Zwillich Herr Koch, ich kann's nicht. Ich fühl's, ich kann's nicht. Den ganzen Tag hab ich auf ihren Bescheid gewartet, ob sie so gnädig sein will und mich anhören will. Nimm dich zusammen, hab ich zu mir gesagt, sie kann dich ins Kittchen bringen. Alles hab ich mir vorgestellt, wie ich ihr gut zureden würde und sie rühren möchte. Aber jetzt kann ich's nicht. Ich weiß nur, daß ich sie haß, die Person, die ausgeschämte, und ihr die Augen auskratzen möcht.

Herr Koch Sie müssen sich beherrschen, Frau Zwillich, ich bitt Sie. Sie müssen sich Gewalt antun. Sie hat Sie in der Hand. Sagen Sie ihr, sie soll großmütig sein. Lassen Sie jetzt um Gottes willen allen Stolz weg, dafür ist jetzt nicht die Zeit.

Frau Zwillich Ich versteh, daß Sie's gut meinen. Ich will auch hingehen. Aber glauben Sie mir, es kommt nichts Gutes dabei heraus. Wir sind wie Hund und Katze. sie hat mich auf die Zehen getreten, und ich möcht ihr die Augen … *Sie gehen weg.*

2

Fischmarkt am Abend. Nur noch ein einziges Fischweib, Frau Scheit, sitzt da. Neben ihr ihr Neffe.

Frau Scheit Nein, ich red nicht mit ihr, warum auch? Jetzt, wo ich sie endlich los habe. Eine himmlische Stille war das gestern und heut auf dem Fischmarkt, seit sie weg ist mit ihrem falschen Getue: Ein hübscher Aal, die Gnädige, der Herr Gemahl wohlauf, nein, wie gut Sie heut wieder aussehen! Jedesmal ist mir die Galle hochgekommen.

Eine Kundin Jetzt hab ich mich ganz vertratscht, und was koch ich jetzt zu Abend? Ein bißchen klein ist der Hecht, nicht?

Frau Scheit Dann fischens Ihnen einen großen, Madamm. Ich kann nichts dafür, daß er nicht älter geworden ist. Wenn Sie ihn nicht wollen, dann lassen Sie ihn eben liegen, ich werd mir nicht die Haare ausreißen.

Die Kundin Seien Sie doch nicht gleich beleidigt, ich hab doch nur gesagt, daß er ein wenig klein aussieht.

Frau Scheit Und einen Schnurrbart hat er auch nicht. Da ist er eben nichts für Sie und damit basta. Hugo, pack die Körb ein, Feierabend.

Die Kundin Ich nehm ihn schon, seien Sie doch nicht so wild.

Frau Scheit Eins dreißig. *Gibt ihn ihr. Zum Neffen:* Da kommen die Leut nach

Feierabend und sind dann noch wählerisch. Das hab ich gern. Und jetzt gehen wir.

DER NEFFE Aber du wolltest doch noch mit der Frau Zwillich reden, Tante.

FRAU SCHEIT Ich hab gesagt: nach Feierabend, und ist sie da?

Frau Zwillich und Herr Koch kommen und bleiben in einigem Abstand stehen.

DER NEFFE Da ist sie schon.

FRAU SCHEIT *als bemerkte sie Frau Zwillich nicht:* Die Körb pack zusammen. Heut haben wir gar nicht schlecht verkauft, das Doppelte vom vorigen Donnerstag. Aus der Hand haben sie's mir gerissen. »Mein Mann sagt immer, der Karpfen ist von Frau Scheit, das merk ich auf der Zung.« Die Leut sind wirklich ganz närrisch. Als ob nicht ein Karpfen wie der andere wär!

FRAU ZWILLICH *zu Herrn Koch, schaudernd:* So redet eine nicht, die noch einen Funken Mitgefühl hat!

FRAU SCHEIT Wollen die Herrschaften vielleicht eine Flunder kaufen?

DER NEFFE Das ist doch die Frau Zwillich, Tante.

FRAU SCHEIT Was? Wer bringt mir die aufs Genick?

DER NEFFE Jetzt ist sie doch nun einmal da, Tante. In der Schrift heißt's doch auch: Liebe deinen Nächsten!

HERR KOCH Machen Sie eine gute Miene zum schlechten Spiel, Frau Scheit. Sie haben eine unglückliche Person vor sich. Sie traut sich gar nicht, Sie anreden.

FRAU ZWILLICH Ich kann's nicht, Herr Koch.

FRAU SCHEIT Was sagt sie? Haben Sie's gehört, Herr Koch? Eine unglückliche Person, die einen Gefallen haben will und Tag und Nacht sich die Augen ausheult, hab ich verstanden. Daß ich nicht lach! Hochmütig ist sie! Frech wie immer!

FRAU ZWILLICH Schön. Ich will auch das noch schlucken. *Zu Frau Scheit:* Sie haben's geschafft. Sie können Ihrem Gott danken. Aber jetzt übertreiben Sie's nicht. Geben Sie mir die Hand, Frau Scheit. *Sie streckt die Hand aus.*

FRAU SCHEIT Sie sind in die Lag gekommen, in die Sie sich selber hineinmanövriert haben, Frau Zwillich.

FRAU ZWILLICH Frau Scheit, denken Sie dran, daß das Glück wechseln könnt. Auch Ihrs. Für mich hat's schon gewechselt. Und schließlich hören uns Leut zu. Und Kolleginnen waren wir auch. So was hat's ja aufm Fischmarkt noch nicht gegeben! Lieber Gott, stehns doch nicht wie ein Felsbrocken! Ich kann doch nicht mehr, als Sie auf den Knien bitten. Schlimm genug, daß ich ins Kittchen soll, wenn ich Sie nicht rühr. Aber mir bleibt ja das Wort im Hals stecken, wenn ich Sie nur anschau.

FRAU SCHEIT Fassens Ihnen kurz, wenn ich bitten dürft. Ich hab keine Lust, daß mich die Leut mit Ihnen sehn. Ich hab nur als Christenmensch eingewilligt. Sie haben mir zwei Jahr lang die Kunden weggefischt.

FRAU ZWILLICH Ich weiß nicht mehr, was ich sagen soll. Wenn ich die Wahrheit sag, sind Sie beleidigt. Denn Sie haben nicht fein gehandelt an mir. Mit Ihrem Neffen seinem Flundernkauf haben Sie mich nur hereinlegen wollen. So was hab ich Ihnen und niemand zugetraut. Niemals. Ich hab nicht anders Fisch verkauft hier als Sie. Und jetzt schleppens mich vor Gericht. – Schauens, ich will alles einen Zufall nennen. Sie sind nicht schuldig. Ich bin nicht schuldig. Wir haben Fisch verkaufen wollen, und die Kunden sind zwischen uns gestanden. Ihnen erzählt man das, mir das. Sie hätten gesagt, meine Fisch stinken, ich, Sie haben ein bissel ein falsches Gewicht oder umgekehrt. – Jetzt steht keiner mehr zwischen uns. Wir können gradsogut Schwestern sein. Sie die ältere, ich die jüngere. Es wär nie so weit gekommen, wenn wir uns rechtzeitig ausgesprochen hätten.

Frau Scheit Da hätt ich eine schöne Schlange am Busen genährt! – Sie gehören nicht aufn Fischmarkt! Sie sind unredlich! Sie gönnen niemand ein Geschäft als sich selber! Sie haben mir einen Kunden nach dem andern weggeangelt mit Ihrem falschen Wesen und Ihrem süßlichen »Noch ein Buttchen, Madamm?«, und wenn ich's Ihnen gesagt hab, haben Sie mir eine Beleidigungsklag angedroht. Aber jetzt trifft's Sie!

Frau Zwillich Ich steh in Gottes Hand, Frau Scheit. Sie werden sich nicht so versündigen wollen –

Frau Scheit Wer sollt mich hindern? Sie haben zuerst von der Polizei geredet mit Ihre Beleidigungsklagen! Wenn ich Sie loslaß und sag meinem Neffen, daß er die Klag zurückziehen soll, sitzen sie morgen wieder hier, ich kenn Sie doch. Nicht Reu werden Sie zeigen, sondern einen Lippenstift werden Sie sich kaufen, damit der Kellner vom Roten Löwen Ihnen Ihren Schellfisch abnimmt! Das wird sein, wenn ich Gnad vor Recht ergehen laß.

Frau Zwillich Behaltens den Fischmarkt! Verkaufens allein Fisch in Gottes Namen! Ich geb meinen Stand auf für ewig. Sie haben's geschafft mit mir. Sie haben mich gebrochen. Ich bin nur noch ein Schatten von der Zwillichen, die ich gewesen bin. Jetzt machens ein End mit der Verfolgung und sagens schon ihr: Gehens in Frieden, ich hab Ihnen gezeigt, was eine Harke ist, und jetzt zeig ich Ihnen, wie sich ein Christenmensch benimmt. Sagen Sie das, und ich sag Dankschön und mein's auch. Aber lassens mich nicht zu lang warten auf das Wörtchen. Wenn Sie's nicht sagen und gehn zur Polizei – ich möcht nicht für alles in der Welt in Ihre Schuh stehen vor die Leut!

Frau Scheit Sehens endlich, daß ich Sie am Boden hab? Sind Ihnen Ihre Tricks ausgegangen? Ist der Polizist vom Marktplatz ein bissel abgekühlt? Habens keine Ritter mehr? Sie gehen ja mit jedem ins Kino, der Ihnen eine Bestellung vermittelt, und wenn er zehnmal verheiratet ist!

Frau Zwillich Jetzt muß ich mich aber wirklich beherrschen, Sie gehn zu weit.

Frau Scheit *nachdem sie sie lang verächtlich betrachtet hat:* Das ist also die Frau Zwillich, wo immer so freundlich ist, Hugo? Auf die alle fliegen und neben der unsereiner nur ein altes Monstrum ist, so ein alter Dreckhaufen am Marktplatz, um den man herumgeht! Eine ganz gewöhnliche Hur ist sie.

Frau Zwillich Das ist zuviel!

Frau Scheit *höhnisch lachend:* So, das ist ihr wahres Gesicht! Jetzt ist ihr die hübsche Larv heruntergerutscht.

Frau Zwillich *zornglühend, aber mit Würde:* Herr Koch, ich geb zu, ich bin jung und hab meine Fehler. Ich hab einen vielleicht ab und zu freundlich angeschaut, wenn er bei mir gekauft hat, aber ich hab nichts heimlich gemacht. Wenn das mein Ruf ist, kann ich nur sagen, ich bin besser als mein Ruf. An Sie kommt's schon noch, Frau Scheit! Sie decken's zu, was Sie für Vergnügungen haben. Der ganze Markt weiß, daß Sie in keiner guten Haut stecken. Ihre Mutter war nicht umsonst im Kriminal seinerzeit!

Herr Koch Um Gottes willen! Jetzt ist alles aus! Sie haben sich nicht beherrscht, Frau Zwillich, wie Sie's versprochen haben!

Frau Zwillich Beherrschung ist gut, Herr Koch. Ich hab geschluckt, was irgendein Mensch schlucken kann. Jetzt red ich. Jetzt pack ich aus. Alles –

Herr Koch Sie ist ganz außer dem Häuschen, sie weiß nicht, was sie sagt, Frau Scheit!

DER NEFFE Hör nicht hin auf sie, Tante! Komm, wir gehen! Ich nehm schon die Körb!

FRAU ZWILLICH Stinkende Fisch hat sie in den Roten Löwen geschickt! Ein Schandfleck ist sie für den ganzen Fischmarkt! Den Stand hat sie nur gekriegt, weil ihr sauberer Bruder einen Saufkumpan bei der Marktpolizei hat!

(aus: Bertolt Brecht: Übungsstücke für Schauspieler. In: B. Brecht: Gesammelte Werke. Bd. 7. Frankfurt a. M. 1967 [Werkausgabe Edition Suhrkamp], S. 3007–3013)

Material 11

FRIEDRICH DÜRRENMATT: **Mannheimer Schiller-Rede 1959,** Auszug

Das rhetorische Drama setzt eine geschlossene und sozial gestufte Welt voraus, eine Hierarchie, die auf der Bühne vorausgesetzt wird, aber auch dargestellt werden kann, zu einem Spielrahmen verdichtet, in welchem die einzelnen Spielzüge auf ihre Richtigkeit hin überprüfbar sind. Diese Voraussetzung der alten Dramatik ist auch Schillers Voraussetzung. Die Konzeption seiner Dramen ist bis auf ihre letzten Möglichkeiten hin durchdacht, oft zu genau, denn eine vollkommene Konzeption macht eigentlich die Ausführung überflüssig, die dann, wird sie unternommen, doch zu Fehlern führen kann, zu merkwürdigen poetischen Fehlleistungen. Sie geschehen der Konzeption zuliebe und unterlaufen demjenigen weniger, der nur vage konzipiert, der vom Poetischen *und* von der Erfahrung, von der Bühne ausgeht, dem notgedrungen dramaturgisch dann vieles schief gerät, wie etwa einem Shakespeare. Doch weiß dafür Schiller, der von der Konzeption her kommt, aufs genaueste Bescheid über alle Regeln, Kniffe, Möglichkeiten, man staunt da nur, wie versteht er nur zu exponieren, einzuteilen, zu steigern, zu retardieren, die Abgänge und Auftritte zu gestalten, Schlußpointen zu setzen, »dem Mann kann geholfen werden – Kardinal! Ich habe das Meinige getan. Tun Sie das Ihre – Dem *Fürsten* Piccolomini – Der Lord läßt sich entschuldigen, er ist zu Schiff nach Frankreich – Und frei erklär ich alle meine Knechte«; was sind das nur für letzte Verdichtungen, wie setzt er aber auch Effekte ein, oft unbedenklich, Hollywood könnte es nicht besser und dicker. Zugegeben.

(aus: Friedrich Dürrenmatt: Gesammelte Werke. Hrsg. von Franz Josef Görtz. Bd. 7. Zürich 1985, S. 436 f.)

Anhang

Anmerkungen

[1] zit. nach: Ludwig Bellermann (1908): Schillers Dramen. Beiträge zu ihrem Verständnis. 2. Teil, S. 189. Berlin
[2] NA 42, S. 300
[3] SW 1, S. 635
[4] Friedrich Schlegel (1988): Kritische Schriften und Fragmente (1794-1818). Bd. 5, S. 91. Paderborn
[5] Heinrich Heine (1968): Sämtliche Schriften. Hrsg. von Klaus Briegleb. Bd. 1, S. 455. München
[6] Brief an die Familie vom 28. Juli 1835. In: Georg Büchner (1971): Sämtliche Werke und Briefe. Hrsg. von Werner R. Lehmann. Bd. 2, S. 444. Hamburg
[7] Theodor W. Adorno (1979): Minima Moralia, S. 111. Frankfurt a. M.
[8] Thomas Mann (1960): Gesammelte Werke. Bd. 9, S. 951. Frankfurt a. M.
[9] Lecke (1981), S. 247
[10] ebd., S. 233 ff.
[11] in: Diskussion Deutsch. H. 1 (1970), S. 16–31
[12] Friedrich Nietzsche (1972): Werke. Kritische Gesamtausgabe. Hrsg. von Giorgio Colli und Mazzino Montinari. 3. Abt., Bd. 1, S. 163 f. Berlin
[13] Brief an Körner vom 21. Januar 1781
[14] Brief an Süvern vom 26. Juli 1800
[15] Nietzsche, a.a.O., S. 164
[16] SW 5, S. 313
[17] Friedrich Maximilian Klinger (1958): Geschichte eines Teutschen der neuesten Zeit. In: Klingers Werke. Hrsg. von Hans-Jürgen Geerdts. Bd. 2, S. 368. Weimar
[18] Johann Gottfried Herder (1883): Sämtliche Werke. Hrsg. von Bernhard Suphan. Bd. 18, S. 314. Berlin
[19] Johann Peter Eckermann (1945): Gespräche mit Goethe in den letzten Jahren seines Lebens. Hrsg. von Ernst Merian-Genast. Bd. 2, S. 515. Basel
[20] Helmut Koopmann (1989): Freiheitssonne und Revolutionsgewitter. Reflexe der Französischen Revolution im literarischen Deutschland zwischen 1789 und 1840. Tübingen
[21] SW 4, S. 758-789
[22] Schillers Briefe. Hrsg. von Fritz Jonas. Bd. 3, S. 332
[23] SW 4, S. 720
[24] SW 3, S. 210
[25] SW 5, S. 93
[26] Schillers Briefe, a.a.O.
[27] SW 5, S. 312 f.
[28] ebd., S. 313
[29] ebd., S. 324 f.
[30] ebd., S. 321
[31] ebd.
[32] ebd., S. 358
[33] ebd., S. 395 f.
[34] SW 2, S. 248 f.
[35] SW 3, S. 377
[36] ebd.
[37] zit. nach: Gerhard Schulz (1983): Die deutsche Literatur zwischen Französischer Revolution und Restauration. Teil 1: Das Zeitalter der Französischen Revolution 1789–1806, S. 41. München
[38] zit. nach: Pia Schmidt (1985): Zeit des Lesens – Zeit des Fühlens. Anfänge des deutschen Bildungsbürgertums. Ein Lesebuch. S. 62, Berlin
[39] zit. nach Eva D. Becker (1972): Schiller in Deutschland 1781–1970. Materialien zur Schiller-Rezeption für die Schule, S. 17. Frankfurt a. M.
[40] SW 5, S. 87
[41] SW 2, S. 819
[42] Kipka (1907), S. 403 f.
[43] Grawe (1978), S. 98 ff.
[44] Kipka (1907), S. 292
[45] ebd., S. 293
[46] ebd., S. 297
[47] ebd.
[48] ebd., S. 299 f.
[49] SW 2, S. 817
[50] NA 23, S. 68 f.
[51] NA 42, S. 259
[52] NA 9, S. 371
[53] SW 5, S. 375
[54] Gerd Ueding (1987): Klassik und Romantik. Deutsche Literatur im Zeitalter der Französischen Revolution 1789-1815, S. 231. München
[55] SW 1, S. 634
[56] ebd., S. 634
[57] zit. nach: Ursula Wertheim: (^{3}1987): Friedrich Schiller. S. 126. Leipzig
[58] SW 5, S. 488
[59] ebd., S. 190
[60] SW 2, S. 250
[61] Borchmeyer (1973), S. 30
[62] SW 5, S. 215
[63] ebd., S. 316
[64] SW 3, S. 119
[65] Sautermeister (1979), S. 176
[66] SW 2, S. 248
[67] Klotz (^{8}1976), S. 45
[68] Reclam Nr. 64, S. 137

[69] ebd., S. 113
[70] Kiesel (1979), S. 242
[71] SW 5, S. 193
[72] ebd., S. 131 f.
[73] ebd., S. 190
[74] Borchmeyer (1988), S. 236
[75] Pütz (1984), S. 298
[76] Schultz (1973), S. 87
[77] SW 5, S. 215
[78] ebd., S. 93 f.
[79] ebd., S. 153
[80] ebd., S. 162 f.
[81] ebd., S. 164
[82] ebd., S. 235
[83] ebd., S. 280
[84] zit. nach Schäublin (1986)
[85] Staiger (1967), S. 319
[86] van Ingen (1988), S. 287
[87] SW 5, S. 317
[88] zit. nach Schäublin (1986), S. 174
[89] SW 5, S. 385
[90] ebd.
[91] von Wiese ([4]1978), S. 715
[92] SW 5, S. 267 u. 271
[93] ebd., S. 272
[94] Schäublin (1986), S. 162 f.
[95] SW 5, S. 215
[96] Schäublin (1986), S. 145 ff.
[97] ebd., S. 149
[98] ebd., S. 151
[99] ebd., S. 149
[100] Grawe (1978), S. 132
[101] Schulte-Sasse (1980), S. 108
[102] SW 5, S. 677
[103] ebd., S. 683
[104] ebd.
[105] Klotz ([8]1976), S. 194
[106] ebd., S. 195 f.
[107] SW 5, S. 550
[108] ebd.
[109] Graham (1974), S. 145
[110] NA 9, S. 383
[111] ebd., S. 384
[112] ebd., S. 385
[113] ebd., S. 384
[114] Grawe (1978), S. 158 ff.
[115] Bertolt Brecht (1967): Gesammelte Werke. Bd. 7, S. 3007–3013. Frankfurt a. M.

Literaturverzeichnis

Primärliteratur

Werke

Schillers Werke (1943 ff.). Nationalausgabe. Begr. von Julius Petersen. Hrsg. von Liselotte Blumenthal und Benno von Wiese. Weimar. Bd. 9 (1948): Maria Stuart. Die Jungfrau von Orleans. Weimar (zit. als: **NA**)

Schiller, Friedrich (4. durchges. Aufl. 1965–1967): Sämtliche Werke. Hrsg. von Gerhard Fricke und Herbert G. Göpfert. 5 Bde. München

Schiller, Friedrich (1968): Sämtliche Werke. Nach der Ausgabe letzter Hand unter Hinzuziehung der Erstdrucke und Handschriften. Verantwortlich für die Textredaktion: Jost Perfahl. Mit einer Einführung von Benno von Wiese und einer Zeittafel und Anmerkungen von Helmut Koopmann. 5 Bde. München (zit. als: **SW**)

Schiller, Friedrich (1990): Maria Stuart. Trauerspiel in fünf Aufzügen. Stuttgart (= Reclam Universalbibliothek, Nr. 64)

Briefe

Schillers Werke (1943 ff.). Nationalausgabe (s.o.)

Schillers Briefe (1892/96). Hrsg. und mit Anmerkungen versehen von Fritz Jonas. Kritische Gesamtausgabe. 7. Bde. Stuttgart

Der Briefwechsel zwischen Goethe und Schiller (1977). Hrsg. von Emil Staiger. Frankfurt a. M.

Schillers Briefe (1982). Ausgewählt und erläutert von Karl-Heinz Hahn. 2 Bde. Berlin/Weimar

Sekundärliteratur

Baur, Wilfried (1987): Rückzug und Reflexion in kritischer und aufklärender Absicht. Schillers Ethik und Ästhetik und ihre künstlerische Gestalt im Drama. Frankfurt a. M. (= Europäische Hochschulschriften. Reihe 1. Deutsche Sprache und Literatur. Bd. 980)

Beck, Adolf (o. J.): *Maria Stuart.* In: Das deutsche Drama vom Barock bis zur Gegenwart. Interpretationen. Hrsg. v. B. v. Wiese. Bd. 1, S. 307–324

Berghahn, Klaus L. (1986): Schiller. Ansichten eines Idealisten. Frankfurt a. M.

Blesch, Rainer (1981): Drama und wirkungsästhetische Praxis. Zum Problem der ästhetischen Vermittlung bei Schiller. Frankfurt a. M.

Borchmeyer, Dieter (1973): Tragödie und Öffentlichkeit. Schillers Dramaturgie im Zusammenhang seiner ästhetisch-politischen Theorie und der theoretischen Tradition. München

Borchmeyer, Dieter (1984): »[…] dem Naturalismus in der Kunst offen und ehrlich den Krieg erklären […]«. Zu Goethes und Schillers Bühnenreform. In: Unser Commercium. Goethes und Schillers Literaturpolitik. Hrsg. von W. Barner, E. Lämmert, N. Oellers. Stuttgart, S. 351–370

Borchmeyer, Dieter (1988): Macht und

Melancholie. Schillers Wallenstein. Frankfurt a. M.

Floß, Ulrich (1989): Kunst und Mensch in den ästhetischen Schriften Friedrich Schillers. Versuch einer kritischen Interpretation. Köln/Wien (= Kölner Germanistische Studien, Bd. 28)

Frommer, Harald (1981): Lernziel: Leserolle. Ein Annäherungsversuch an Schillers Königin Elisabeth in Klasse 10. In: Der Deutschunterricht 33, H. 2, S. 60–80

Fuhrmann, Helmut (1981): Revision des Parisurteils. »Bild« und »Gestalt« der Frau im Werk Friedrich Schillers. In: Jb. der deutschen Schillergesellschaft 25, S. 316–366

Gethmann-Siefert, Annemarie (1980): Idylle und Utopie. Zur gesellschaftskritischen Funktion in Schillers Ästhetik. In: Jb. der deutschen Schillergesellschaft 24, S. 32–67

Graham, Ilse (1960): Die Struktur der Persönlichkeit in Schillers dramatischer Dichtung. In: Jb. der deutschen Schillergesellschaft 4, S. 270–303

Graham, Ilse (1974): Schiller, ein Meister der tragischen Form. Die Theorie in der Praxis. Darmstadt

Grawe, Christian (1978): Friedrich Schiller, Maria Stuart. Erläuterungen und Dokumente. Stuttgart (= Reclam UB Nr. 8143)

Guthke, Karl S. (1994): Schillers Dramen. Idealismus und Skepsis. Tübingen u. a.

Hartmann, Horst (1985): Schillers *Maria Stuart*. Der Streit der Königinnen aus heutiger Sicht. In: Impulse 8, S. 155–170

Herbst, Hildburg (1995): Herz, Seele und Gewissen: Aktualisierung eines historischen Stoffes in Schillers *Maria Stuart*. In: Ethik und Ästhetik. Werke und Werte in der Literatur vom 18. bis zum 20. Jahrhundert. Festschrift für Wolfgang Wittkowski zum 70. Geburtstag. Hrsg. von Richard Fischer. Frankfurt a. M. u. a., S. 235–245

Ingen, Ferdinand van (1988): Macht und Gewissen: Schillers *Maria Stuart*. In: Verantwortung und Utopie. Zur Literatur der Goethezeit. Ein Symposium. Hrsg. von Wolfgang Wittkowski. Tübingen

Kaiser, Gerhard (1978): Von Arkadien nach Elysium. Schiller-Studien. Göttingen

Kiesel, Helmut (1979): »Bei Hof, bei Höll«. Untersuchungen zur literarischen Hofkritik von Sebastian Brant bis Friedrich Schiller. Tübingen

Kipka, Karl (1907): Maria Stuart im Drama der Weltliteratur, vornehmlich des 17. und 18. Jahrhunderts. Ein Beitrag zur vergleichenden Literaturgeschichte. Leipzig

Klassik und Moderne (1983): Die Weimarer Klassik als historisches Ereignis und Herausforderung im kulturgeschichtlichen Prozess. W. Müller-Seidel zum 65. Geburtstag. Hrsg. von Karl Richter und Jörg Schönert. Stuttgart

Klotz, Volker ([8]1976): Geschlossene und offene Form im Drama. München

Köhnke, Klaus (1996): Schillers *Maria Stuart* – philosophische Theorie und dramatische Praxis. In: Schiller heute. Hrsg. von Hans-Jörg Knobloch und Helmut Koopmann. Tübingen (= Stauffenburg Colloquium, Bd. 40), S. 99–113

Koopmann, Helmut ([2]1977): Friedrich Schiller. 2 Bde. Stuttgart (= Sammlung Metzler, Bd. 50 und 51)

Koopmann, Helmut (1988): Schiller. Eine Einführung. München/Zürich

Lahnstein, Peter (1981): Schillers Leben. München

Lecke, Bodo (1981): Literatur der deutschen Klassik: Rezeption und Wirkung. Heidelberg

Leibfried, Erwin (1985): Schiller. Notizen zum heutigen Verständnis seiner Dramen. Frankfurt a. M. u. a. (= Gießener Arbeiten zur neueren deutschen Literatur und Literaturwissenschaft, Bd. 7)

Leistner, Bernd (1981): »Ich habe deinen edlern Teil nicht retten können«. Zu Schillers Trauerspiel *Maria Stuart*. In: Zs. für Germanistik 2 (Leipzig), S. 166–181

Leistner, Bernd (1982): Leiden und Läuterung. *Maria Stuart*. In: Schiller. Das dramatische Werk in Einzelinterpretationen. Leipzig, S. 167–192

Linder, Jutta (1989): Schillers Dramen. Bauprinzip und Wirkungsstrategie. Bonn (= Abhandlungen zur Kunst-, Musik- und Literaturwissenschaft, Bd. 385)

Loewen, Henry (1979): The end of the beginning: The nature of Maria Stuart's transformation. In: Seminar 15, S. 165–180

Marquardt, Hans-Jochen (1996): Ästhetik der Emanzipation – Emanzipation der Ästhetik? Zu Schillers Konzept des literarischen Publikums. In: Schiller heute. Hrsg. von Hans-Jörg Knobloch und Helmut Koopmann. Tübingen (= Stauffenburg Colloquium, Bd. 40), S. 45–58

Midell, Eike (1980): Schillers Leben und Werk. Leipzig

Oellers, Norbert (1967): Schiller. Geschichte seiner Wirkung bis zu Goethes Tod. 1805–1832. Bonn

Oellers, Norbert (1970 ff.): Schiller – Zeitgenosse aller Epochen. Dokumente zur Wirkungsgeschichte in Deutschland. 2 Bde. München

Petersen, Julius (1982): Die Minneburg in Schillers *Maria Stuart*. In: Aus der Goethezeit. Leipzig, S. 128–148

Puntel, Kai (1986): Die Struktur künstlerischer Darstellung. Schillers Theorie der Versinnlichung in Kunst und Literatur. München

Pütz, Peter (1984): Nähe und Ferne zur Antike: *Iphigenie* und *Maria Stuart*. In: Unser Commercium. Goethes und Schillers Literaturpolitik. Hrsg. von W. Barner, E. Lämmert, N. Oellers. Stuttgart, S. 289-302

Riecke-Niklewski, Rose (1986): Die Metaphorik des Schönen. Eine kritische Lektüre der Versöhnung in Schillers *Über die ästhetische Erziehung des Menschen in einer Reihe von Briefen*. Tübingen

Ross, Werner (1954 f.): Der Streit der Königinnen. In: Wirkendes Wort 5, S. 356–362

Sautermeister, Gert (1971): Idyllik und Dramatik im Werk Friedrich Schillers. Zum geschichtlichen Ort seiner klassischen Dramen. Stuttgart

Sautermeister, Gert (1979): *Maria Stuart*. Ästhetik, Seelenkunde, historisch-gesellschaftlicher Ort. In: Schillers Dramen. Neue Interpretationen. Hrsg. von Walter Hinderer. Stuttgart, S. 124–216

Schäublin, Peter (1986): Der moralphilosophische Diskurs in Schillers *Maria Stuart*. In: Sprachkunst 17, S. 141–182

Schlaffer, Hannelore (1974): Widerstände gegen Klassiker-Lektüre. Ein Unterrichtsmodell zu Schillers *Maria Stuart*. In: Projekt Deutschunterricht 7. Literatur der Klassik I – Dramenanalysen. Stuttgart, S. 125–161

Schulte-Sasse, Jochen (1980): Das Konzept bürgerlich-literarischer Öffentlichkeit und die historischen Gründe seines Zerfalls. In: Aufklärung und literarische Öffentlichkeit. Hrsg. von Christa Bürger u. a. Frankfurt a. M.

Schultz, H. Stefan (1973): »Moralisch unmöglich«. Zu einer Briefstelle Schillers über die Begegnung der beiden Königinnen in *Maria Stuart*. In: Untersuchungen zur Literatur als Geschichte. Festschrift für B. v. Wiese. Hrsg. von Vincent J. Günther u. a. Berlin, S. 85–91

Sieckmann, Andreas (1980): Drama und sentimentalisches Bewußtsein. Zur klassischen Dramatik Schillers. Frankfurt a. M.

Staiger, Emil (1967): Friedrich Schiller. Zürich

Storz, Gerhard (1965): Schillers *Maria Stuart*. In: Interpretationen. Hrsg. von Jost Schillemeit. Bd. 2, Frankfurt a. M., S. 172–184

Thalheim, Hans-Günther (1974): Schillers Dramen von *Maria Stuart* bis *Demetrius*. In: Weimarer Beiträge 20, S. 5–33

Ueding, Gerd (1971): Schillers Rhetorik. Idealistische Wirkungsästhetik und rhetorische Tradition. Tübingen

Wiese, Benno von (1937): Die Dramen Schillers. Politik und Tragödie. Leipzig

Wiese, Benno von (1973): Die deutsche Tragödie von Lessing bis Hebbel. Hamburg

Wiese, Benno von (^{4}1978): Friedrich Schiller. Stuttgart

Wittkowski, Wolfgang (Hrsg.) (1982): Friedrich Schiller. Kunst, Humanität und Politik in der späten Aufklärung. Ein Symposium. Tübingen

Zeittafel zu Leben und Werk

1759 10. November: Johann Christoff Friedrich Schiller in Marbach am Neckar als Sohn des Wundarztes und späteren Offiziers Johann Kaspar Schiller geboren. Mutter Elisabeth Dorothea Kodweiß, Tochter eines Wirtes in Marbach.

1764 Übersiedlung nach Lorch. Elementarschule. Lateinunterricht bei Pastor Moser.

1766 Übersiedlung in die Garnison Ludwigsburg.

1767 Eintritt in die Lateinschule.

1772 Die ersten dramatischen Versuche: *Die Christen/Absalom.*

1773–1780 16. Januar: Eintritt in die militärische Pflanzschule (die spätere Hohe Karlsschule) auf Geheiß des Herzogs Karl Eugen. 1775 Verlegung der Schule von der Solitude nach Stuttgart. Schiller studiert zunächst Jura, entscheidet sich später für Medizin. Anregung durch Shakespeare. 1777 entstehen erste Szenen der *Räuber.* November 1780: Druck der zweiten Dissertation: *Über den Zusammenhang der tierischen Natur des Menschen mit seiner geistigen.* Dezember 1780: Entlassung aus der Karlsschule. Schiller wird Regimentsmedikus in Stuttgart. Ausarbeitung der *Räuber.*

1781 Die *Räuber* erscheinen im Selbstverlag. Später Umarbeitung für die Bühne.

1782 13. Januar: Erfolgreiche Uraufführung der *Räuber.* Schiller nimmt ohne Erlaubnis daran teil. Die Gedichtsammlung *Anthologie auf das Jahr 1782* erscheint. Arbeit am *Fiesco.* Mitherausgeber des ***Wirtembergischen Repertoriums der Litteratur.*** Juli: 14-tägiger Arrest wegen erneuter nicht genehmigter Reise nach Mannheim. Der Herzog untersagt das ›Komödienschreiben‹. 22. September: Schiller flieht mit seinem Freund Andreas Streicher. Kurze Aufenthalte in Mannheim, Frankfurt und – inkognito – in Oggersheim.

1782–1783 Dezember bis Juli: Auf Einladung seiner Gönnerin Henriette von Wolzogen in Bauerbach (Thüringen). *Kabale und Liebe (Luise Millerin)* beendet. Arbeit an *Don Carlos.* Leidenschaftliche Liebe zur Tochter des Hauses, Charlotte von Wolzogen. 24. Juli: überraschende Abreise nach Mannheim.

1783–1784 1. September bis 31. August von Dalberg als Theaterautor verpflichtet. Schwere Erkrankung.

1784 11. Januar und 13. April: Uraufführungen von *Fiesco* und *Kabale und Liebe.* Vorbereitung der ***Rheinischen Thalia.*** 27. Dezember: Herzog Karl August von Sachsen-Weimar verleiht Schiller nach einer Vorlesung des *Don Carlos* in Darmstadt den Titel eines Rates.

1785–1787: Schiller als Gast Christian Gottfried Körners in Leipzig und Dresden. Fortsetzung der ***Thalia.*** Ode »An die Freude«. Arbeit am *Don Carlos.* Prosaerzählungen.

1787 *Don Carlos* erscheint im Göschen-Verlag in Leipzig.

1787–1788 Juli bis Mai: Schiller in Weimar. Kontakte mit Wieland, Herder, Knebel, Charlotte von Kalb. August: Aufenthalt in Jena. Dezember: Schiller lernt in Rudolstadt Caroline und Charlotte von Lengefeld kennen.

1788 Weitere Arbeit an der *Geschichte des Abfalls der vereinigten Niederlande von der spanischen Regierung.* »Die Götter Griechenlands« erscheinen im ***Teutschen Merkur.*** 7. September: Erste Begegnung mit Goethe in Rudolstadt. 15. Dezember: Berufung zum a. o. Professor der Geschichte in Jena.

1789 Mai: Übersiedlung nach Jena. 26. Mai: Antrittsvorlesung – *Was heisst und zu welchem Ende studiert man Universalgeschichte?* Verlobung mit Charlotte von Lengefeld. Bekanntschaft mit Wilhelm von Humboldt.

1790 Januar: Schiller erhält den Titel eines Hofrats von Meiningen. 22. Februar: Trauung mit Charlotte von Lengefeld. September: *Geschichte des Dreissigjährigen Krieges.*

1791 Januar: Schwere Erkrankung. Kant-Studium. Dezember: Der dänische Erbprinz Friedrich Christian von Augustenburg und Graf Ernst von Schimmelmann gewähren Schiller eine dreijährige Unterstützung.

1792 Fortsetzung des Kant-Studiums. Andauernde Kränklichkeit. 26. August: Pariser Nationalversammlung ernennt Schiller zum Ehrenbürger der französischen Republik.

1793 Wichtige ästhetische Schriften erscheinen: *Die Kalliasbriefe, Über Anmut und Würde, Vom Erhabenen.*

1793–1794 März bis Mai: Übersiedlung nach Stuttgart. Bekanntschaft mit dem Verleger Cotta. Rückreise nach Jena.

1794 20. Juli: Treffen mit Goethe auf einer Tagung der Naturforschenden Gesellschaft in Jena. Gespräch über die Urpflanze. Beginn der Freundschaft mit Goethe. September: Auf Einladung Goethes zwei Wochen in Weimar.

1795 Januar: Erstes Heft der ***Horen*** erscheint. Darin: Briefe *Über die ästhetische Erziehung des Menschen.* In den folgenden Heften: *Belagerung von Antwerpen, Über naive und sentimentalische Dichtung.*

1796 Schiller Herausgeber des ***Musenalmanachs.*** Darin: *Xenien* (erschienen 1797). Intensives Quellenstudium zum *Wallenstein.*

1797 Balladenjahr: »Der Taucher«, »Der Handschuh«, »Die Kraniche des Ibykus«, »Der Ring des Polykrates« u. a. (erschienen im ***Musenalmanach*** 1798). Umformung des *Wallenstein* in Blankverse.

1798 14. März: Ernennung zum Honorarprofessor in Jena. Weitere Balladen. August: Abschluss der ersten Fassung des *Wallenstein.* 12. Oktober: Uraufführung von *Wallensteins Lager* in Weimar.

1799 20. April: Uraufführung von *Wallensteins Tod* in Weimar. 26. April: Beginn des Quellenstudiums zu *Maria Stuart.* September: »Das Lied von der Glocke«. 3. Dezember: Umzug nach Weimar.

1800 Bearbeitung von Shakespeares *Macbeth*. Februar: Schiller erkrankt an Nervenfieber. 9. Juni: *Maria Stuart* beendet. 14. Juni: Uraufführung am Weimarer Hoftheater. Vorstudien zur *Jungfrau von Orleans*.

1801 April: *Maria Stuart* erscheint bei Cotta. 11. September: Uraufführung der *Jungfrau von Orleans* in Leipzig.

1802 Einzug ins Haus an der Esplanade (= Schillerhaus). Plan des *Wilhelm Tell*. Arbeit an der *Braut von Messina*. 16. November: Schiller erhält das Adelsdiplom aus Wien.

1803 Februar: Fertigstellung der *Braut von Messina*. Ständige Arbeit am *Wilhelm Tell*.

1804 17. März: Uraufführung am Weimarer Hoftheater: Plan zum *Demetrius*. April–Mai: Reise nach Berlin.

1805 Bearbeitung von Racines *Phädra* für die Bühne. Arbeit am *Demetrius*. Mai: Fieberanfälle und starke Krämpfe. 9. Mai: Schillers Tod.